●シリーズ●
世界の社会学・日本の社会学

Toda Teizou

戸田貞三

―家族研究・実証社会学の軌跡―

川合隆男 著

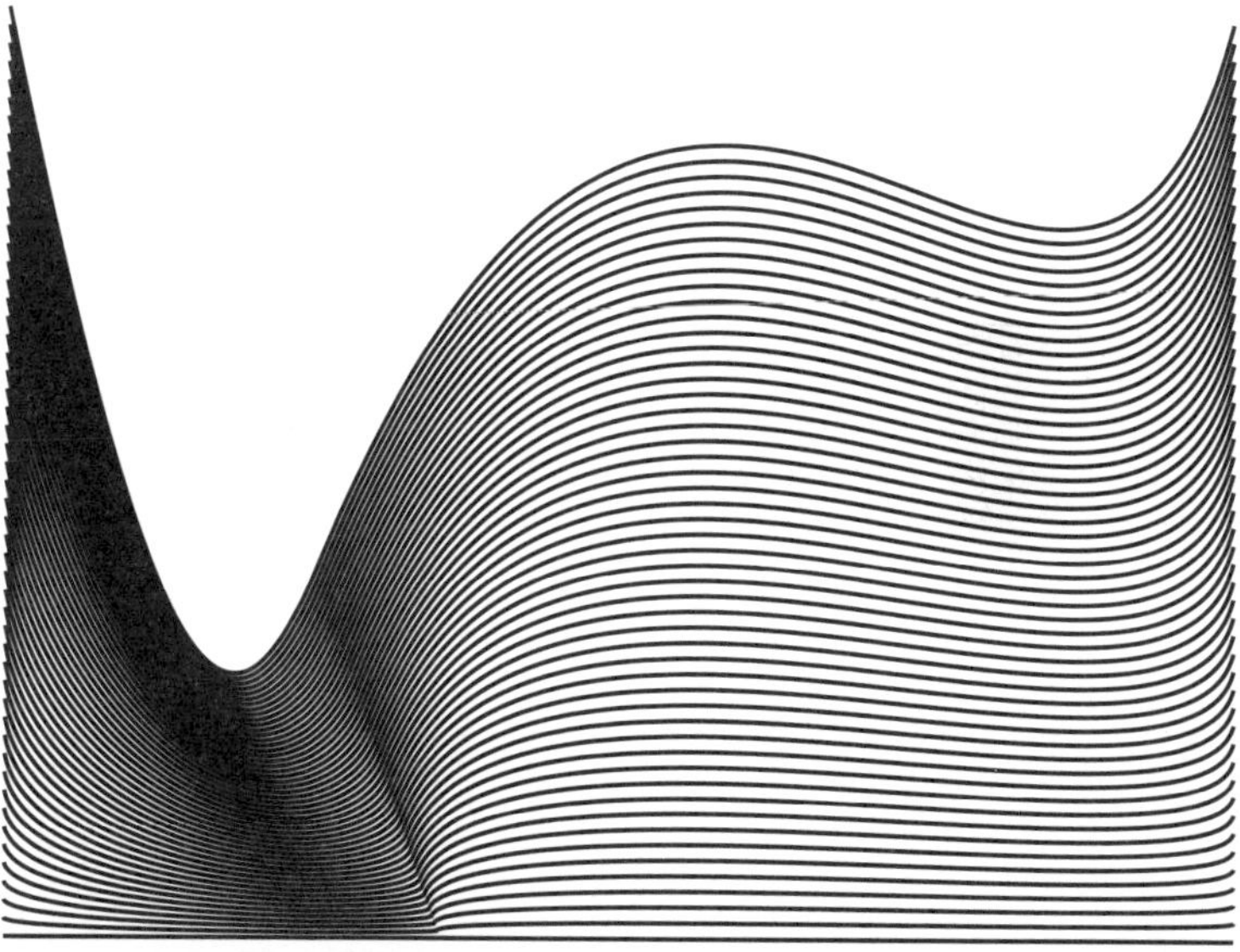

東信堂

「シリーズ世界の社会学・日本の社会学」（全50巻）の刊行にあたって

ここにこれまでの東西の社会学者の中から50人を選択し、「シリーズ世界の社会学・日本の社会学」として、その理論を解説、論評する叢書を企画、刊行することとなりました。このような大がかりな構想は、わが国の社会学界では稀有なものであり、一つの大きな挑戦であります。

この企画は、監修者がとりあげるべき代表的な社会学者・社会学理論を列挙し、7名の企画協力者がそれを慎重に合議検討して選別・追加した結果、日本以外の各国から35巻、日本のすでに物故された方々の中から15巻にまとめられる社会学者たちを選定することによって始まりました。さらに各巻の執筆者を、それぞれのテーマに関して最適任の現役社会学者を慎重に検討して選び、ご執筆を承諾していただくことによって実現したものです。

各巻の内容は、それぞれの社会学者の人と業績、理論、方法、キー概念の正確な解説、そしてその今日的意味、諸影響の分析などで、それを簡潔かつ興味深く叙述することにしています。形態はハンディな入門書であり、読者対象はおもに大学生、大学院生、若い研究者においていますが、質的には専門家の評価にも十分に耐えうる、高いレベルとなっています。それぞれの社会学者の社会学説、時代背景などの紹介・解説は今後のスタンダードとなるべきものをめざしました。また、わが国の15名の社会学者の仕事の解説を通しては、わが国の社会学の研究内容の深さと特殊性がえがきだされることにもなるでしょう。そのために、各執筆者は責任執筆で、叙述の方法は一定の形式にとらわれず、各巻自由に構成してもらいましたが、あわせて監修者、企画協力者の複数によるサポートもおこない、万全を期しております。

このシリーズが一人でも多くの方々によって活用されるよう期待し、同時に、このシリーズが斯界の学術的、社会的発展に貢献することを心から望みます。

1999年7月

監修者　北川隆吉　　東信堂社長　下田勝司

企画協力者（敬称略）　稲上　毅、折原　浩、直井　優、蓮見音彦、宝月　誠、故森　博、三重野卓（幹事）

戸田 貞三
Toda Teizou (1887-1995)

(『東京大学文学部社会学科75年概観』所収)

はじめに

日課のなかで出来るだけ暇をつくって散歩を楽しみたいというのが、わたしの普段からの願いである。土砂降りの大雨だったりしたら出掛けないが、雨や雪の日でも歩きたいのがわたしの習性のようである。よく歩く散歩道でみちみち出会う光景の移りゆくさまに見とれたり、道沿いの小川に遊ぶかるがもや白鷺などをおもわず発見したりする驚き、喜びなどは格別な楽しみでもある。「小鳥の小さなつぶやきを聞きのがしたくない、だから浪人は立ち止まる、そしてまた歩きはじめる」（映画『学校Ⅳ、一五歳』）という少年（浪人）の心境や「ゆっくりと、今を」生きる思いの大切さをも考える。

映画や学問の世界も人々の興味を呼び起こすのは、他の活動や人生そのものと同じように、そこにさまざまな人間や世界の果てしない多様な生きざまやドラマが人間と自然そのものの営みとして繰り広げられているからではないだろうか。流行の映画や学説、動向をひたすら追い続ける姿勢は、やはり忙しく、見逃しも多いし、少々疲れる。さらに自分からの問いかけも疎かになりがちではなかろうか。わたしにとって学史研究の面白さは、学問を支えるさまざまな人間に出会い、その歴史的社会的状況のもとで彼らがそれぞれの学問に興味を抱き、かつ格闘していく姿に少しでも接することが出来ることである。わたしとは異なる人間や世界との出会いであり、秘かな語らいでもある。

本書『戸田貞三―家族研究・実証社会学の軌跡―』で取り上げている戸田貞三（一八八七―一九五五〈明治二〇―昭和三五〉年）の名前を最初に知ったのは、わたしが大学生（法学部）のときに他学部の文学部の講義であった有賀喜左衛門先生の「農村社会学」の授業をもぐりで聴講していたときかもしれない。その後ずっと後になって、わたし自身が社会学の授業をもつようになってその中で「家族論」のところで戸田貞三や彼の『家族構成』（一九三七年）にも触れていたが、それ以上のことはなかった。特に近代日本の社会調査史や社会学史に関心をもちはじめたのは、一九七〇―七一年のアメリカ留学より帰った以降であり、そのあたりから戸田の著書『社会調査』（一九三三年）や『家族構成』にも自分なりの観点から興味を深めていったように思う。

戸田貞三の社会学に正面から向き合うようになったのは、近代日本の社会学史研究のうえで、ちょうど、大空社という出版社から「何か企画がないか」という問い合わせがあったときに、戸田貞三の社会学やその業績がそれまで日本の社会学界の中心にありながら、あまり顧みられないままにきたのではないかという考えから『戸田貞三著作集』（復刻版）（全一四巻＋別巻一、一九九三年）の企画を提案するようになってからであった。その復刻作業を進める過程で、故磯村英一先生の研究室に出版社の人たちと一緒に一面識もない若造のわたしがお訪ねして、磯村先生が「戸田先生」との関わりや「鮠会」、セッツルメントのことなどを熱く、思い出深く話して下さったのを想い起こす。戸田家の関係のご遺族の方々や東京大学・東洋大学等で戸田貞三に関わった多くの諸先生にも深く感謝申し上げたい。また、戸田貞三自らが晩年に「学究生活の思い出」（一九五三年）を自らの言葉で語り残してくれたことも、素晴らしいことであり、後学のものにとっても大いなる遺産である。わたしたちにとって、今、内外を問わず知的遺産の批判的継承をしっかりと試み、知的創造を果敢に模索していくことが必要なのではないだろうか。

本書は、第1章「戸田貞三の生涯と歴史的背景」、第2章「家族研究と社会調査論の展開」、第3章「知的遺産の批判的継承と現代社会学の地平」の三章立て構成となっており、戸田の社会学を中心にした学問活動を、特に家族研究と社会調査論に焦点をあて、その問題構成、問題解明、問題解決のトライアンギュレーションの過程を少しでも考えてみようと意図したものである。しかし、ひとりの人間の学問活動といえども、そうした枠には収まり切らず、第3章で断片的に触れているように「日本社会学会」、植民地視察と翼賛体制、公民教科書と教育行政・改革等々とさまざまな広がりをもっており充分にふかめて考察することができなかったところも多い。関心をもたれる人々に今後とも研究を継続していただきたいところである。近代日本の社会学が、理論社会学の高田保馬などとともに戸田などが社会科学の一つの特殊個別科学として社会学を確立していく時期での戸田の活動だけに、彼の活動は家族や実証社会学の側面に限られず、より広いすそ野のもとで繰り広げられていたことも見落としてはならないであろう。小冊子ながら今回本書に取り組むことで、新たな人間像の発見や人間と学問、歴史との関わりをあらためて考えてみるよい機会を得たとも思う。

本書を執筆するにあたって、特に戸田家のご遺族の方々、戸田千代さん、その他の関係の方々にお話を伺ったり貴重な資料を見せていただいたりしたことに、ここに記して深く感謝申し上げたい。戸田貞三の郷里の兵庫県朝来町を訪ねて町の人たちにあれこれとお世話いただいたり、町（朝来・和田山）の図書館や兵庫県・岡山県の県立図書館等の資料を閲覧する機会を得て幸いでした。また、本書のシリーズ・世界の社会学・日本の社会学の企画に執筆する好運を与えて下さった北川隆吉先生、出版社東信堂、下田勝司氏にも感謝申し上げたい。

二〇〇三年二月

川合　隆男

戸田貞三──家族研究・実証社会学の軌跡──／目次

第3章 知的遺産の批判的継承と現代社会学の地平 …… 93

戸田貞三——家族研究・実証社会学の軌跡——

第1章　戸田貞三の生涯と歴史的背景

1912年、東京帝国大学卒業時(後列左側)

1　生い立ち

自らの生い立ちや生涯をどのように語り書きつづるのかという試みは、興味深いが、誰にとっても難しいようにも思える。戸田貞三も自らの学究生活を回顧して「学究生活の思い出」（一九五三年ａ）を残している。それは、自らの生涯の一端を学究生活を中心にどのように捉えていたのかを淡々と語っており興味深い。

戸田貞三は一八八七（明治二〇）年三月六日に兵庫県朝来《あさご》郡中川村立脇（一九五四年に旧中川村と山口村とが合併し、現在は朝来《あさご》町立脇になっている）に「中国山脈のちょうど真中に当たるひどい山の中」の「小さな地主」の三男として生まれた（立脇三五五番地）。父重右衛門、母もと。男三人、女四人の兄妹のうちの兄二人、姉一人の次の三男であった。すぐ上の兄が戸田正三（一八八五―一九六一）である。二歳上の兄正三は、第七高等学校造士館卒業、京都帝国大学医科大学卒業後、同大学衛生学講座教授、医学部長などを経て、一九四五年定年退職、一九四九年金沢大学初代学長などを歴任した衛生学者、医学博士であった。彼は若い頃からの健康法であった歩け歩けの徒歩主義と開襟シャツ運動の提唱でも有名な人であった。

かつて、大道安次郎が『日本社会学の形成―九人の開拓者たち』（一九六八年）のなかに戸田貞三を取りあげる際にこの朝来町を訪れているが、わたしも幸いにこの地を訪れることができた。兵庫県の五国、但馬、播磨、淡路、神戸、阪神のなかでも、朝来町などの位置する但馬地方は多雪多雨地域で地形も山地が多いところである。朝来町の南東すぐ下の町が古く天正年間から生野銀山、生野鉱山として栄えてきた（一九七三〈昭和四八〉年に閉山）鉱山の町としてよく知られた生野《いくの》町がある。すぐ上の町は、かって生野鉱山を管轄してそれを重要な財源にしていた竹田城のあった和田山町であり、播但道と山陰道とが出会うところでもある。山地の山あいに流れる円山川に沿って播但道が行き交い、鉄道の播但線が走り、国道三一二号線が通り現在では播但連絡道路が開通されている。播但道に沿って少し下の方の姫路市に近い町に福崎町があり、そこの「日本一小さい家」に柳田国男（一八七五―一九六二）が生まれている。また、姫路市には戸田貞三と第一高等学校時代に同期生であった和辻哲郎（一八八九―一九六〇）が生まれている。しかし、戸田貞三が生まれた当時はこの沿線にはまだ鉄道は通じておらず、日露戦争当時に生野鉱山と飾磨《しかま》港（現在の姫路港）を結ぶ目的で一八九五年に敷設された播但鉄道が走るようになったが、それは生野駅までで、その後に和田山まで開通するようになり中川村に新井《にい》駅が設けられるようになったのは一九〇六（明治三九）年であった。その鉄道工事も急斜面を切り開く難工事の連続であった。戸田が後年大都会に暮らすようになって自らの生地を振り返り「中国山脈のちょうど真中に当たるひどい山の中」、「実に辺鄙な村」であったとするのもまさに実感であったかもしれない。

わたしは戸田の生家のあった朝来町の立脇地区にいくために、ＪＲ播但線を利用して姫路駅から新井駅に向けて出掛けた。山林の多い地帯を円山川に沿って山あいの路線を走る単線の鉄道である。途中の寺前駅から先は駅舎のない停車場が多く、乗降車時には車内で運賃を精算することになっており、みちみち複線電化促進を求める立て看板をみながら走った。姫路から新井駅までは電車で約一時間一五分程である。

旧中川村立脇の戸田の生家は代々重右衛門、重太郎の名を交互に襲名し、田畑や山林を大きく所有した地主で、広い敷地と家屋敷を構えた旧家であった。土地の人の話では「ごっつい地主」であったらしい。戸田貞三は、小さい時には両親も手こずる程の腕白な「悪ガキ」で、ひと一倍負けず嫌いの子どもであったらしい。旧家のすぐ近くには菩提寺の大通院（禅宗、臨済宗妙心寺派）がある。その菩提寺のつながりで戸田貞三がまだ幼少年時に一時近在の村、梁瀬村野間（現在の山東町）禅寺臨済宗妙心寺派国清寺に寺の小僧に出されたこともあったようである（大道、一九六八年、二六八―二六九頁）。山東町野間にある国清寺は、静かな山麓に奥まった道を行き高台にあるゆかしい古寺の印象を強く受けた。山門から遠く山々や集落が遠望でき、静かな境内のたたずまいであった。

戸田は、一八九七（明治三〇）年三月に地元の中川村尋常小学校、一九〇一年三月に梁瀬村山東高

等小学校を卒業している。そして、日露戦争を中学時代に過ごし、「中学校は臨済宗妙心寺派の京都・花園学林を経て、明治三七年岡山私立閑谷中学校四年へ編入学している」(赤塚康雄、一九七八年、七二頁)。一九〇六年三月に私立中学閑谷学校を卒業。赤塚康雄の調べによると、戸田は「中学校は臨済宗妙心寺派の京都・花園学林を経て、明治三七年、岡山県私立閑谷中学校四年編入学している。花園高校(花園学林の後身)に残る明治三五年度、三六年度の名簿に、戸田温山という名が見られ、戸田が僧名に得度して入学したのであると考えられる。しかし、閑谷中学校の学籍簿の姓名欄は、戸田貞三で記入されており、禅寺での修行は、幼少時から花園学林に在籍した明治三七年三月までの一〇年余であろうと推察される。彼の性格が、地味で浮ついたところがなく、しかも行動的であったと評価されるのは、この一〇年余にわたる僧院の生活に負うところが大きいと考えられよう」と記している(赤塚、一九七八年、七一―七二頁)。

高等学校は、兄正三が「八高にいったら」と勧めてくれたが、貞三には「兄に負けたくない」という思いもあったらしく、「けっきょく一高にしようと決め」て入学している。幼くして家を離れた幼少期から青少年期にかけての体験は戸田の生涯と学問形成、家族研究の基底に、特に産業化とともに家族構造が変容しはじめ、「家族的生活者」「非家族的生活者」の構成に着目した戸田の「家族構成」論に確実に大きな影響をおよぼしていると考えられる。

「一高時代の同期生には、文学部の方に、和辻哲郎、児島喜八雄、天野貞祐、亡くなった小泉哲、岩下壮一などの諸君」がいたが、「一高に入ったとき、将来大学にすすむときは哲学科に行こうと漠然とは考えていたのですが、どこをどうやろうかなどとは考えておらず、三年の頃になってやっと社会学にゆこうという気になりだしました」。ひとつには、「何かの時に、図書館で外山正一先生の論文の、確か「神代の女性」を読んだことが、きっかけになったのだと思います」。さらに、やはり三年の頃、当時本郷の大学での公開講演会で建部遯吾の社会学の講演があり、「体は小さいが先生の堂々と大上段に構えた演説を聴いたわけですが、面白い人だなとその時感じたのも、社会学を選ぶようになったもう一つの理由」だった。一九〇九(明治四〇)年七月に第一高等学校一部甲類を卒業している。

2　社会学との出会い、卒業論文「日本に於ける家の制度発達の研究」

明治時代に特に東京大学・東京帝国大学でのE・F・フェノロサ、外山正一、有賀長雄などの講義や著作等を通じて新しい学問として社会学が移植導入され展開しつつあった。E・F・フェノロサ(一八五三—一九〇八)は、日本美術の研究家・啓蒙家としてよく知られている。東京大学で動物学の教授であったエドワード・モース（一八三八―一九二五）の推挙でフェノロサは家族とともに一八七八（明治一一）年に来日し、東京大学文学部で哲学、政治学、理財学を担当。フェノロサが政治学を講義する前提として特にH・スペンサーの社会進化論を中心に講義したのが、日本の大学における社会学講義の嚆矢であった。

一八八二年九月からのフェノロサの社会学講義録（Lectures on sociology by Professor Fenollosa）が当時の受講生のひとりであった金井延のノートとして残されている（二一回の講義。東京大学の資料上では科目名「世態学」であった）（アーネスト・F・フェノロサ講述／金井延筆記、秋山ひさ編・解説『フェノロサの社会学講義』神戸女学院大学研究所、一九八二年）。フェノロサは、"We may define sociology, therefore, as the dealing of causes and effect of social action. But what meant by social action? What is a social man?" として、そこから社会進化論におよび社会の隆盛と衰退を論じていた。フェノロサの講義を通じて、有賀長雄、高田早苗、天野為之、岡倉天心などの多くの門下生が輩出していくのである。フェノロサの辞任の後に文科大学で社会学の講義を担当したのは当時文科大学長であった外山正一であった。

とはいえ、社会学はいまだ日本の社会に根を下ろし定着したものではなかった。戸田の「学究生活の思い出」の中で当時の時代風潮や社会学の状況を次のように語っている。「私たちの時代は戦後

(日露戦争後)の資本主義発展の時期で、立身出世主義の強い雰囲気があり、官吏になってゆく人のぐぐる法科万能の時代でしたが、私はあんな風に法律の条文をこちこち骨を折ってやって何が面白いのだろう、それよりも神代の女性か何かの研究の方が、よっぽど性に合う、という気でおりました」。「そのような時代ですから、社会学というものに対する世間の認識は実にひどいもので、社会主義と社会学の混同は珍しいことではなく、笑い話のようなことも沢山ありました」。

戸田が東京帝国大学文科大学に入学(一九〇九年)した頃の社会学の教授は建部遯吾(一八七一―一九四五)であり、既にドイツ、フランスなど三年間の外国留学より帰国して「社会有機体説」の立場から『普通社会学』の大著を次々と公刊して、根本の儒学思想、陽明学派の「知行合一」とコントの「予見せんがために知る」との融合を唱え、盛んに「実理精神」の展開を図っていた時期でもあった。戸田が大学に入学した時に、建部は一年間の外国旅行に出かけており、有賀長雄や藤井健次郎が教えていた。「さて建部先生が帰ってきて、講義がひらかれたのですが、言葉がむずかしくてノートをとるのに骨が折れてしょうがない。ちゃんとした論旨のある立派な講義なのですが、建部先生一流の用語を使われるのです。例えば、実證主義《ポジティヴィズム》と現在いうところを、先生は実理主義という。ジツリという発音から、私たち学生は実利という言葉を考える外なかったのですが、そのような独特の字を使われるので、わかりにくくて困りました」。当時は文科大学全体にしても、法科などにくらべて学生は少なく、哲学科などもせいぜい六〜七人位、そのうち社会学専攻は戸田の同期で三人だけで（卒業したのは戸田、石原恵忍の二人）、前の学年には上西半四郎、一年下の学年には今井時郎、高橋正之、柴田安正、西田快忍などがいた。講義では史学・地理学講座担当の坪井九馬三の講義は非常に面白かった記憶があるという。

「そうこうしているうちに三年になり、何か卒業論文を書かなければならなくなりましたが、結局「日本に於ける家の制度発達の研究」というテーマをえらんで書き上げました。私は建部先生からもちろん或る程度の影響を受けていましたが、それよりも、前にのべた外山先生から、もっと強く影響をうけていると思っています。外山先生は私の大学入学前にすでに亡くなっておられ、生前一度もおめにかかってはいないのですが、例の「神代の女性」のほか、先生のいろいろな著述を読み、そこからスペンサーの『プリンスプルズ・オブ・ソシオロジー』を読むきっかけを与えられて、なるほどこういうことをやるのなら面白いなと感じ、自分も及ばずながら一つやってみようという気になって、それがあの卒論を書く動機になったのです」。

外山正一（一八四八—一九〇〇）は、東京大学、東京帝国大学でフェノロサの後を継いで社会学、特にスペンサーの社会学を講じ、「神代の女性」(『哲学雑誌』一〇巻九五号、一八九五年一月)、『藩閥之将来』(一八九九年)、『ゝ山存稿』(三上参次・建部遯吾編、一九〇九年)など数多くの著述がある。外山は東京大学文学部長、東京帝国文科大学長、東京帝国大学総長、文部大臣なども歴任した。日本で帝国大学に講座制が設けられたときに最初に社会学講座を担当し、「神代の女性」や『藩閥之将来』においても歴史的な事実を踏まえた実証的な研究を試み、統計数字を盛んに活用するなどをしていて、日本の社会学の発展の上でも重要な人物である。

「外山先生が主としてスペンサーを取り入れられ、学生にそういう書物を読むようにすすめておられたということです。前に私が図書館で読んだという『プリンスプルズ・オブ・ソシオロジー』は、一冊が十何円もして、当時の私たち学生の手の届くものではありませんでしたが、そういうものにも気を配られて、その三冊ものを十幾組も、図書館に揃えるようにされたのは当の先生だと聞いています」。

戸田が卒業論文で家族を扱うようになったのは、以上のような事情に加えて、「私自身、社会学で一番大きな対象として扱わなければならぬものに、国家とか民族とかあると考えてはいても、その時の自分の力からいって、家族の問題から入ってゆくのが最もやりやすいということが手伝っていた」ということである。

一九一二（明治四五）年七月一〇日に戸田は東京帝国大学文科大学哲学科（社会学専修）を卒業している。その時の卒業論文が「日本に於ける家の制度発達の研究」であり、この卒論は新たに建部遯吾によって設立された「日本社会学院」の機関雑誌である『日本社会学院年報』の創刊号、第一年第一・二合冊（一九一三年一二月）に掲載されている。それは、「古来我国には如何なる家の制度が存せしか、そが如何に変遷せしか、其変遷の原因如何、此制度と他の社会の諸般の文物との関係如何を幾分なりとも明にせんと欲するのみ」として、わが国の家の制度の変遷を家の「体制」と「機能」とに分けて考察しようとしたものであった。こうして家族研究は戸田貞三の学問研究、実証的研究の原点となっていったのであった。

3　大原社会問題研究所の研究員

大学を卒業して「履歴書」の上では一年間の空白があるのだが、その訳は定かではない。一九一三（大正二）年一〇月二五日付けで富山県立薬学専門学校助教諭となっている。哲学科で一学年上の上西半四郎の後任としての赴任であった。上西は、彼（上西）の「履歴書によれば、一八八六（明治一九）年三月一二日、大阪府豊中市に生まれ第二高等学校をへて、東京帝国大学文科大学哲学科に入学。一九一一（明治四四）年七月同学科（社会学専修）を卒業、卒論の題目は「日本労働者問題」であった。同年九月富山県立薬学専門学校助教諭、翌一九一二年九月同教諭となり、一九一三（大正二）年九月最初の社会学専修者としてドイツ留学に向かった」（米沢和彦、一九九一年、二二二、二四二―二四五頁）とある。その上西の後任として富山薬学専門学校に赴任したのが戸田貞三であった。

『富山薬学専門学校一覧』によると、修業年限は三年、学科課程は殆どが薬学専門にかんする科目がおかれていたが、他に修身、英語、独逸語、法制経済、体操などもあった。なかでも独逸語は重視されていたようである。その「一覧」のなかに「旧職員」覧があり、「就任年月日　大正二年一〇月一三日、退職年月日　大正六年四月二〇日　文学士　戸田貞三」とある。戸田は独逸語を担当しており、一九一五（大正四）年四月一六日付けで、助教諭から教諭になっている。

しかし、先の戸田の「学究生活の思い出」によると、「大学を卒業して間もなく富山の薬学専門学校にゆきドイツ語の講師をしましたが、勉強のできる環境ではなく、こんなところに長くいて語学の教師などしていては型にはまってしまうと考えている矢先に、建部先生から助手にならないかといわれ、これを幸いとすぐに東京に帰ってきました」。一九一七（大正六）年五月二日、戸田は東京帝国大学文科大学助手となり、『日本社会学院年報』の編輯委員をもつとめることになる。

「当時の助手の給料は二五円で、私は東京に家を借りて家賃を一八円払わなければならなかったので、食う仕事も考えねばならず、その頃はあまり勉強していません」。その仕事というのは富山薬専の卒業生と一緒の薬品製造の仕事を始めたことであり、結局は失敗してしまい借金をかかえこむようになってしまったようである。

「大正八年に大原社会問題研究所ができました。その頃まだ助手をしていた私は、これじゃ食べてゆけないから、大原社研に行って働きたいと思う、ついては助手を辞めさせて戴きたいと申し出たのですが、建部先生は仲仲うんと承知してくれず、何とか考えろといわれる。しかし借金もたまっており、どうすることもできず、重ねて先生に相談しなければなりませんでした」。戸田にとっても、随分と勇気のいる大胆な決断だったろうと思われる。建部も「そんなにいうなら仕方ない」と折れてくれたので、「日本社会学院」等を通じて知っている、そして大原社研の設立にも加わっていた京都帝国大学の米田庄太郎の世話で大阪の大原社会問題研究所の研究員に採用されたのである。所長の「高野岩三郎先生の処に挨拶に行くと、建部先生の弟子だというので、私のことをこちこちの右翼だと思われたらしい」。

一九一〇年代、大正期に入ると、第一次世界大戦が勃発し大戦を経て、日本は世界列強の一つとなったが、社会主義政権の成立と資本主義の新たな発展のもとで社会構造の大きな変動とともに労働者生活、労働運動、消費生活問題、米騒動、貧困問題、慈善事業、保健衛生問題、教育問題など多くの社会問題に直面していた。それだけにさまざまな人々がそうした社会問題に強い関心を示していた。石井十次、大原孫三郎、小河滋次郎、高野岩三郎、賀川豊彦なども一例である。建部遯吾の率いる「日本社会学院」も「凡そ大日本帝国の国体を基準とし、国是を実現するの不可避的手段の一としての社会問題解決は、此渾一的態度、実理的方法に由るの外あるべきではない」という立場から、『現代社会問題研究』叢書(全二五巻、一九二〇―一九二七年)を刊行していったのもその一例であった。

当時高野岩三郎は東京帝国大学経済学部の独立問題、月島調査や救済事業調査会、治警法論争などで多忙であったが、高野がはじめて大原孫三郎に会、大原社会問題研究所の創設の依頼協力をもとめられたのは一九一九(大正八)年一月一二日であった。事は急速にすすみ、大原社研が創立されたのは同年二月九日であった(大内兵衛・森戸辰男・久留間鮫造監修、大島清著、一九六八年、二〇三頁)。設立の趣旨は「社会問題の解決は公平なそして飽くまで根本的な立場からするを要し、決して一部利害関係者の見地からすべきではない。それには問題の基礎に遡り、我国の実際に鑑み、且つ諸外国の実例に徹して、充分研究調査を遂げなければならない」というものであった(高野岩三郎著・鈴木鴻一郎編、一九六一年一六六頁)。所長　高野岩三郎、評議員　河田嗣郎・柿原政一郎・小河滋次郎・大原孫三郎・高野岩三郎・高田慎吾・米田庄太郎、研究員　久留間鮫造・小河滋次郎・大林宗嗣・森戸辰男・森川隆夫・高野岩三郎・高田慎吾・暉峻義等・竹内謙二、それに先ほどの事情からやや遅れて赴任した戸田貞三であった。戸田は、同年七月一九日、東大を「依願免本官」となり、同じ七月に大原社研の研究員となった。

研究所には第一部(労働問題研究)、第二部(社会事業研究)が置かれ、戸田は第一部の労働問題を担当した。「労働問題の方は、記録を作ったり、資料をあつめたり、その編集をする仕事でありましたが、私と同志社を出た堀田君という人とが主としてやり、他に事務的なことをやる鷹津君ほか一、二の手伝う人がいた位の淋しさでした」。大阪市天王寺秋ノ坊に新築された研究所の敷地内で同僚の人たちと一緒に戸田も撮っている写真が遺族のもとにも残っている。一九二〇(大正九)年五月に、戸田が再び東大に戻ったあとに、彼が中心になって編纂した大原社会問題研究所『日本労働年鑑』(大正八年)が千頁を越える大冊となって発行された。一九一九年中の労働問題をはじめ労働運動、俸給生活者問題、失業問題、農村問題、労働移民問題、住宅問題、国際労働問題、生活費問題など社会問題の全般を詳細に記録したものである。

「大原にいれば労働問題を多少とも理解できるだろうと考えていましたが、半年あまりたった(大正）八年の秋に、突然建部先生が京都にこられ、『君、東京に帰らぬか』ということをいわれました。あまり突飛なことで訳がわからず、どういうことかお尋ねすると、『東京大学に帰る意志があるなら、留学してもらうつもりだ』といわれるのです」。「建部先生は『一週間のうちに返事せよ』といわれる」。いろいろとやりとりのうちに、「よしこの際は東京大学にお世話になってしまうと、遂に決心しました。実際に移ったのは、大原さんの承諾を得るのに時間がかかったので、ずっと後のことでした」。

4　戸田の外国留学――特にシカゴ大学の学風

戸田は一九一九年一〇月二四日付けで社会学研究のため満二カ年米国英国および仏国への留学命令を受けていた。しかし、東京帝国大学文学部講師となったのは、一九二〇年一月二六日であった。そして、あわただしく同年二月に米国および欧州への留学に旅立った。

「私の留学命令は、アメリカ、イギリス、フランスに留学を命ずというのでした。後にドイツにもゆきましたが、アメリカに一番長く前後一年半留まりました。私の研究テーマは、社会学そのものではなく、日本の社会事業をどうしたらもう少しちゃんと筋立ったものにすることができるかということを研究してくることにありました。しかし向こうで社会事業の講義も聞きましたが大したものではなく、主として社会学の講義をきいていました」。

「シカゴにいたときは、スモール、パーク、バージェス、フェーリス、というような人の講義がありました。フェーリスのは非常に面白かったのですが、スモールやパークのものは本に書いてある通りでした」。「一般的にいってアメリカ社会学から理論的に学んだところよりも、実際の社会現象をつかまえて深く探究してゆくという学風に大いに学ぶところがありました」。

「私は社会調査を専らやりましたが、アメリカは社会事業のためにも、その必要性を大いに感じていて、これは大事だと思うことには、金を惜しまずどんどんやるという風ですから、社会調査の研究は進んでいました。調査方法などの理論的なものとしては、チェーピンとかリッチモンド、特に後者の書物に教えられるところが多かったと思います」。

ちょうど、戸田がシカゴ大学に留学していた一九二〇―二一年当時には、社会学や社会心理学、社会調査活動においてシカゴ学派は全盛期を樹立しつつあった時代で、戸田にとっても好運な留学体験であった。Robert E. L. Faris, Chicago Sociology, 1920-1933, The Univ. of Chicago Press, Midway Reprint,1979 によると、当時戸田が出会い得たであろうシカゴ大学の社会学者としては、Albion W. Small (1854-1926), George Herbert Mead (1863-1931), Robert E. Park (1864-1944), Ernest W. Burgess (1886-

1966), Ellsworth Faris (1874-1953) などであった。戸田が敢えて、「教えられるところが多かった」として名前を挙げたチェーピン (F. Stuart Chapin) はコロンビア大学のギデングスの門下で、ちょうど一九二〇年に Field Work and Social Research を出版したばかりであり、リッチモンド (Mary Ellen Richmond, 1861-1928) も大著の Social Diagnosis, 1917 を出版して間もない時期であった。

社会学におけるシカゴ学派は、理論的には象徴的相互作用論の展開とともに、特に都市社会学などを中心に社会過程、相互作用過程に着目してさまざまな分野にわたって数多くのエスノグラフィックな質的調査研究を展開してきたことで知られている。しかし、M・ブルマーやL・R・カーツなどの指摘しているようにシカゴ社会学・社会科学において二つの調査方法の系譜、すなわち、(1)フィールド・サーヴェー、社会踏査の方法 (field research, social survey) (聞き取りや口述、生活史法、個人的ドキュメント、事例研究、参与観察など)、(2)計量的 (統計的) 調査方法 (quantative research method) があるという。従来は我が国などにおいても主として前者の(1)を中心としたシカゴ社会学の特徴が伝承されて、後者の(2)は「無視されてきた伝統」といえる (M.Bulmer, 1984, 152)。

戸田貞三は、後年に日本において社会調査に関するまとまった一巻の書物としてはじめて著書『社会調査』(一九三三年) を公刊した。そのなかでシカゴ大学の社会学や社会科学調査館、質的な個別調査方法としての生活史法や事例研究法などにかなり言及していたが、戸田がシカゴ学派と出会い、そこで学び取り、影響を受けていったのは(1)ではなく、(2)の計量的調査研究方法の伝統であったといえる。戸田がそれまでに日本で少しずつ培っていた家族研究や社会学的研究における実証的態度や実証的な研究方法が、また新たな軌道で刻印されていく動きともいえる。

シカゴに一年いてから、ワシントン、ニューヨーク、その他の都市などを遍歴して、イギリス、ドイツと訪問、滞在して帰国する。「そんなわけで、イギリス、ドイツでは、アメリカで受けたような学問上の印象とか影響は殆どありませんでした。キール大学の教授F・テンニエスにあいましたが、向こうは老学者、こちらは小僧みたいで、とにかく日本というところは学問の発達しているところとは思っていないようでした。彼は日本でも社会学があって、建部先生がやっているということは知っていました」と述べている。一九二二(大正一一)年九月一五日に外国留学より日本に帰国している。

5　家族研究の開始と学位論文「家族構成」、『社会調査』の公刊

「大正一一年九月に日本に帰ってきましたが、上海まで帰ってきたとき、私宛に沢山の手紙や新聞の包みがきている。何だろうと思ってみると、東大の建部教授が云々と書いてあり、どうも先生

が大学当局と喧嘩をしたらしい様子なので、これは大変なことになったとその時思いました。私の乗っていた白山丸が神戸につくやいなや新聞記者がどっとやってきて感想をいえという」。「事件の内容というのは、私が間もなく帰国するについて、建部先生は予め私のために文学部の助教授の席を設けて置こうとされたところ、当時は定員が一杯で、文学部当局がそれを承知しなかったのに対し、先生は、では僕がやめれば一つ席があくだろうというので、強いて辞められました」。東京帝国大学文学部において、一九二〇(大正九)年九月には社会学第二講座が新設され、第一講座はこれまで通り建部が教授として担任し、第二講座は今井時郎助教授が担任することになった。しかし、建部は社会学専攻の学生の増加の時勢に対応してさらなる社会学講座拡充計画を強く主張したが、教授会にいれられずに、戸田貞三が海外留学から帰国してくるのと相前後して一九二〇年九月五日に「病弱重任に堪えられず」として教授を辞任退職している(『東京大学百年史　部局史一』一九八六年、八四五—八四六頁、『東京帝国大学一覧　自大正九年至大正十年』二八四—二八八頁)。建部は早くより政治的提言や参画にも強い意欲を示していたが、一九二三年一二月の衆議院議員の補欠選挙で郷里の新潟県第六区で立候補して憲政会代議士として当選して二期をつとめた。

戸田は帰国して間もない一九二二年一〇月二日付けで文学部助教授となり、建部のあとを受けて第一講座を担任することになる。就任早々の一九二三(大正一二)年度の戸田の担当講義題目は「救貧問題の研究」「社会調査法」「社会学演習」であり、一九二四年度は「社会学概論」「社会学演習」、一九二五年度は「家族」「社会学演習」、一九二六年度は「社会学概論」「社会学演習」となっており、すでにこの時期に「社会調査法」、「家族」を講義していたことは日本の社会学界において画期的なことであり、講義と相まって家族研究も本格的に開始され社会調査を重視する実証的な社会学が展開されていく動きが準備されていくことになる。

一九二五(大正一四)年に松谷田鶴さんと結婚する。一九二七(昭和二)年に長女千代さん、一九二九(昭和四)年に次女ヒロさん、そして一九三二(昭和七)年に長男が誕生している。千代さんのお手紙で伺ったところによると、長男は「病弱で二日しか生存しなかったということで、私もその弟については犬張り子模様の綿入れと、小さな骨壺の印象しか残っていません」ということであった。東京、巣鴨の染井墓地のすぐ側の勝林寺に埋葬されたという。一九二九(昭和四)年、戸田は社会学第一講座の教授となり主任教授となる。それまではその第一講座の助教授であった。

「学究生活の思い出」(一九五三a、前出)によると、「私はその後、大学で、日本の家族制度の研究をすすめました。卒論を書いた時以来、考えていたことを、おしすすめるつもりで、最初、婚姻制度の講義を準備してやってみましたが、どうもポイントがはっきり掴めずうまくゆかない。それで最初に出発した点に戻って、いろいろ勉強しているうちに、ファミリーという言葉と、日本でいう家という言葉がどうもぴったり一致しないのではないかということに気がつきこの家、家族と日本でいわれているものの概念内容を歴史的にみてみようと思うように至りました」。

「ヨーロッパやアメリカの家族研究では、二世代家族とか三世代家族というようなことは、あまり問題点になっていませんが、日本の場合、そういうことも実際には大きな問題で、果たしてそれらがどういう形で存在しているかどうかということを、調べてみなければならない」。「その時、丁度都合の良かったことには、内閣統計局で、第一回の国勢調査(大正九)をやったことがあり、調査速報をだすために一千世帯につき一世帯の割合、抽出写しというのを作りました。ところが、その資料が一万二千程あり、報告してしまえば要らぬものになるので、それを借りて来て使うことを許してもらいました」。「日本の国勢調査は、個人単位でなく、家族単位のものでしたから、私の研究の目的には願ったりかなったりで、とても都合の良いものだったわけです」。

「抽出写しを作るのは、非常に金のかかる仕事で、私の場合はポケットマネーを出して何とかやるより仕方がなかったですが、そういう点でも、アメリカが当時、必要な調査などにはどんどん金を出してやれる態勢になっていたことと思いあわせて、社会学に対する一般の認識がもっと高まらねば駄目だと思いました。社会調査の講義をまとめたのが『社会調査』(昭和八年)です」。

『社会調査』の序文には、「人の社会生活は一方に於いては建設であり、支持であり、修正であるが、他方に於いては破壊であり、放棄である。此場合何を保存し、何を修正し、何を放棄すべきかは、それが人々の生活上にもたらす作用の効果如何によって定められるであろうが、この作用の効果を正確に知る為には先ず以て作用が如何に行われつつあるかを出来るだけ明瞭にしなくてはならぬ」として、社会調査の重要性について述べている。社会調査は、「先づ現実に行はれて居る所の事実を出来る限り誤りなく理解せしめんとする方法である」。この『社会調査』は終戦前におけるまとまった社会調査論の先駆的な文献としてしばしば挙げられてきたものである。

戦時化がすすむなかで、台湾や満州にでかけての調査や視察旅行も増えていくが、家族研究も深められ、「昭和一二年に、やっと私は学位論文「家族構成」を書きました。これは、学位論文を出せ出せとは前からいわれてはいたものの、学位をとったとて大して月給が上がるわけじゃなし、どうでもいいと思っていたのですが、」「綿貫哲雄君がやって来て、二人とも書いた方がよいから書こうじゃないかといわれ、君がその気なら私もやってみようというので書く気になったのです」。このようにして、団体・集団としての家族の構成にかかわる戸田の主著『家族構成』（一九三七〈昭和一二〉年一〇月）が公刊されて、一九三八年一一月二九日に学位論文「家族構成」により文学博士の学位が授与されている（戸田の郷里の朝来町史『近代朝来町の歩み―朝来町史―』（下巻、一九八一年、一一二三頁）のなかでも、戸田正三、戸田貞三兄弟、両博士について簡潔に触れられている）。

「それ以後の研究のテーマは、当然、そこから移って、一つの団体としての家族がどういう機能を社会生活の上にもっているか、という点に興味が集中されました。この研究は、まだすっかり出来たわけではありませんが、ある程度やりかけたのを、『家と家族制度』(昭和一九年)という小さい本にまとめました」。

「私の学問研究は、これといって大したことをしてきませんでしたが、加うるに学部長という務めをやらされたことが、研究生活を進めなくさせた大きな原因ともなり、今考えると大失敗だったと思います」。「丁度北京に調査にゆかないかという話があり、一遍は行ってみたいと考えていたのだったが、「出掛けた留守の間の欠席裁判で、私が学部長ということにきまってしまったのです」。

6 「日本社会学会」のこと

近代日本において主要な学会組織の創立年度をみてみると、理学・工学・農学・医学等の自然科学の諸学会の創立はすでに一八七七(明治一〇)年頃から始まっているが、文科系では一八八四(明治一七)年の哲学会、一八八七(明治二〇)年の国家学会、一八八九(明治二二)年の史学会、社会政策学会は一八九七(明治三〇)年などのように学会組織としては相対してやや遅れて出発している。社会学会の動きについていえば、「社会学会」（一八九六―一八九八〈明治二九―三一〉年）「社会学研究会」（一八九八―一九〇三〈明治三一―三六〉年）、「日本社会学院」（一九一三―一九二七〈大正二―昭和二〉年、これまでは「日本社会学院」については一九一三―一九二三年とされてきたが、その後の「日本社会学院」の名で機関誌『社会学研究』〈一九二五年四月―一九二七年三月〉が発刊されており、一九一三―一九二七年とすべきであろう）、そして「日本社会学会」の創立（一九二四〈大正一三〉年）と展開されていった（川合、一九八八年、川合、一九九七年、川合、二〇〇三年）。

「大正二年に、日本社会学院というものが設立されました。これは、それまで、各大学単位にあって、ばらばらだったものを、全国的にまとめ、学問の交流をはかろうとしたもので、当時非常に意義のあるものだったと思います。建部先生と米田先生の尽力でできたもので、他の学問分野に較べて未発達だった社会学界がこのようにまとまったのは、その後の日本の社会学の発達に大いに貢献するところがありました」。

「しかし私たちが、ヨーロッパから帰ってくると、どうも社会学院の運営の仕方が専制的で、若い連中からいわせると面白くない。もう少しデモクラティックな学会を作ろうではないかという気運がその前からあったのですが、機が熟してきたというのか、帰朝して間もない私のところに、下出隼吉《じゅんきち》君が来て相談がもちかけられました。私は、日本社会学院が、非デモクラティックなものであるということは知ってはいましたが、建部先生や米田先生の作られたものであるし、新しい学会を作ることによって、それを潰すようなことになっては申しわけないと考えたので、二つを併立させることに苦心しました」。

こうした動きの背後を磯村英一は『私の昭和史』(一九八五年)のなかで次のように記している。「東大社会学科の卒業生でつくっている〝潜龍会〟(建部遯吾という国家主義の考えをもつ教授が中心でつくられた)に当然入ることができると思った。しかし〝三尺下がって師の影を踏まず〟といった考えの強い先輩学者たちの集まりである。卒業早々の青二歳が入ることなど許されない。そこでわれわれは結束してつくったのが〝鯰会〟。その理由は、入学したのが大正一二年、その年に大地震があった。世論はそれを〝鯰の動き〟といっている。その年に入学したのだから、というのでの命名である。もう一つは、先輩が〝潜龍〟ならば、こちらは〝鯰〟でいこうといった反抗心のあったことも事実である」。

戸田の「思い出」に戻ると、「日本社会学院は、年に二回なり三回なり年報を出しいるから、日本社会学会は月刊雑誌を出すゆき方でゆきましょうということになって始めました。当時私は、日本社会学院の理事のようなことをしていたのですが、戸田のような奴は辞めさせてしまえというので、私はすっかり日本社会学院から離れてしまうことになり、お互いに勝手にやってゆくことにしました。その後、日本社会学院の方は、一冊か二冊の年報を出したきりで、事実上活動がとまるようになってしまいました」。これが、「日本社会学院」と「日本社会学会」の「併立」の背景であり、この「日本社会学会」が今日の日本社会学会に連なるものである。しかし、「日本社会学会」の設立時期に関しては二説(すなわち、(1)「大正一一年創立」、(2)「大正一三年創立」のふたつ)あり、いまだに「大正一一年創立」とする文献がないでもない。わたしは、戸田自身がいろいろなところですでに明確に述べていたように、「大正一三年(一九二四年)創立」を確認してきた(川合、一九八八年)。財団法人日本学術協力財団編『全国学術研究団体総覧』(一九九六年、一三九頁)、財団法人日本学術協力財団『学会名鑑二〇〇一―三年版』(二〇〇一年、一六八頁)においても、「設立　大正一一年」と記されている。こうしたことも、日本社会学史研究の乏しさの一端を露わにしているのではないだろうか。

日本社会学会は機関雑誌として、月刊の『社会学雑誌』(一九二四―三〇年)、『季刊社会学』(一九三一―三二年)、『年報社会学』(一九三三―四三年)、『社会学研究』(一九四四年)、戦争末と終戦直後の空白があって『社会学研究』(一九四七―四八年)、『社会学評論』の創刊(一九五〇―現在)と続いていくのである。戸田はこの日本社会学会の設立当初より常任理事、そして一九四〇(昭和一五)年一二月より日本社会学会の初代会長となり、一九五二(昭和二七)年一〇月までの永きにわたって社会学会長を務めた。

7　戦中期と戦後

「戦時中も、社会学に対する圧迫が強く、妙に神懸かりな連中からみれば、社会主義も社会学も区別がなかったのは、昔も同じでした」。「これについては面白い話があります。文部省のある会議に出席したのですが、京都大学の某教授が委員になってきておりました。その人がその席上、日本には社会などというものはないといいだしたのです。初めのうち、おかしなことをいう奴だと思って黙ってきいておりましたが、そのとき、田沢さんという青年団の世話をしていた人が、私に向かって、戸田さんは社会学が専門だから、いまの発言に対してどうお考えになりますかと尋ねた」。

「そこで、私は『ただいまのような発言は時々耳に致しますが、、どうかと思います。勅語にも社会という言葉がときどき出て参ります。もし社会というのが日本にないといわれるなら、陛下はないものをあるようにおっしゃることになりませんか』とあっさり答えました。すると先方は黙ってしまったわけです」。「前もって勅語を調べておいたのです」。戦局が長期化していくなかで、一九三八(昭和一三)年五月には国家総動員法が施行され産業報国のみならず国民精神総動員体制がしかれ思想統制も強化されていった。一九三九年に入ると東亜共同体論が盛んとなり、さらに「聖戦貫徹」を可決するなど軍国主義、帝国主義の色彩を強め大東亜新秩序、国防国家建設を図ろうとしていった。戸田自身も、大学行政や教育行政、政府の審議会や委員会、学術研究会議等等にも次第に関係するようになっていった。学部長として学徒動員に苦悶・苦労したり、戦争や空襲の惨禍のなかで病弱な妻の療養や世話に心を配り娘さん方を新潟に疎開させたりしなければならなかった。終戦時には胃潰瘍で胃半分を執る手術をうけなければならなかった。

戦後もそうした教育行政の関係は継続され、戦後の教育改革にも関係した。一九四七(昭和二二)年四月に文学部長を免ぜられ、同年九月三〇日付けで東京大学を退職している。以後東京家政専門学校長、内閣世論調査審議会委員長、東洋大学文学部教授等を歴任している。「戦後は社会学もかなり発達してきましたが、今後更に実證的な研究を進めてゆくことが、一番堅実な発展の道ではないかと思っています」と「学究生活の思い出」を結んでいる。病気療養中のところ肝臓癌のため、一九五五(昭和三〇)年七月三一日、東京都文京区関口町一九七の自宅で逝去。六八歳。戒名は「善諦院圓亮貞光居士」。豊島区駒込の染井霊園のすぐそばの勝林寺(禅宗　曹洞宗)の墓地に葬られた。

戸田貞三は、近代日本の激動期を生き抜き、大正末期より昭和戦前期・戦中期・終戦直後期にかけて日本社会学界の中心的存在として学問研究・教育、教育行政、後進の育成などに多大な努力をされた。特に戸田の社会学を中心とした学問活動、著作活動は、(a)家族研究(家族論、家族社会学)、(b)私有財産・職業・社会的地位をめぐる研究、(c)人口・地域社会論、(d)社会調査論、(e)社会学論、

(f)学会活動、教育論、その他などにわたる戸田の交錯した、しかも広範な研究・教育活動は戸田のかかわった社会学の歩みを特徴づけている。日本において近代社会学が形成・確立されていく過程、さらに個別・分化されていく過程にあって、いくつもの研究・活動領域に交錯しながら繰り広げられていった。こうした業績の殆どは『戸田貞三著作集』(一四巻、別巻一、一九九三年)に収められている。

戸田は実証的な社会学者として、理論社会学の高田保馬、家族や生活研究での有賀喜左衛門らとならんで国際的にも誇り得る近代日本の社会学者である。学問活動もグローバルな地平で横の広がりと地についた縦の経緯との織りなすところで根付かせていくことがますます必要になってきている。本書では、特に戸田の(1)家族研究、(2)社会調査論、(3)「日本社会学会」の設立と組織化、運営、(4)公民科教科書や戦後の教育行政とのかかわり、などに焦点をあてて、戸田貞三の家族研究・実証的社会学の軌跡を考察していきたい。

第2章　家族研究と社会調査論の展開

大原社会問題研究所の研究員当時の戸田貞三(前列左)
(戸田千代さん所蔵)

戸田貞三の社会学を中心とする学問活動のなかでも、本書では特にその家族研究と社会調査論に焦点をあてて考察していくことにしたい。第1章で戸田の学問形成が彼の生い立ち、そしてどのような人々との出会いや影響、歴史的背景のもとで展開されていったのかを主として彼の「学究生活の思い出」を手懸かりに辿った。この章では、1　戸田貞三の学問活動としての社会学、2　家族研究とその調査方法、3　先駆的な社会調査論の展開、の順でみていくことにする。

1　戸田貞三の学問活動としての社会学

(1)　建部遯吾の社会学構想

戸田が家族研究を開始するうえで、卒論「日本に於ける家の制度発達の研究」というテーマを選ぶそのきっかけや影響をうけたのは、外山正一であり、外山の「神代の女性」や他の著述でありその実証的な研究方法であった。「私は建部先生からもちろん或る程度の影響を受けていましたが、それよりも、前に述べた外山先生から、もっと強く影響をうけていると思います」と語っていた。しかし、ここでは、近代日本社会学の確立期の戸田と対照する意味で、まず建部遯吾の社会学構想を検討する。特に外山正一は実証的な色彩が強いとしても、日本社会学の草創期や創成期、形成期においては、西周、加藤弘之、外山正一、そして建部にしても、彼等の社会学思想、社会学は極めて哲学的色彩が強く、総合社会学的な特徴を色濃くもっていた。

建部遯吾（一八七一—一九四五〈明治四—昭和二〇〉年）の社会学については彼の著作『普通社会学』（第一—四巻）（一九〇四—一九一八年）によって知られてはいるが、彼の社会学がどのようにして構想されていき、彼の生涯にわたる活動や社会学の内容とその展開について、さらに「すでに過去のもの」とされた彼の社会学がその後どのような影響をもたらしていったのか、についての検討はこれまで必ずしも充分になされてこなかったように考えられる（川合、一九九九年、川合・竹村英樹編、一九九八年）。建部の著作は実に多い。『陸象山』（一八九七年）、『哲学大観』（一八九八年）、『普通社会学・第一巻（社会学序説）』（一九〇四年）、『普通社会学・第二巻（社会理学）』（一九〇五年）、『戦争論（社会学的研究）』（一九〇六年）、『普通社会学・第三巻（社会静学）』（一九〇九年）、『教育行政研究』（一九一四年）、『普通社会学・第四巻（社会動学）』（一九一八年）、『教政学』（一九二一年）、『国家社会観』（一九二一年）、『優生学と社会生活』（一九三二年）、『興亜之理想及経綸』（一九四三年）などである。

建部社会学の特徴を要約して述べると、

(a)　建部の社会学構想と社会学の体系化は、建部自身の儒学への強い関心、父蔵軒の儒家の家に生まれ育ち、支那思想、儒学思想を学び研究したことがその根本的な基礎になっている。特に、東京帝国大学文科大学哲学科及び同大学院に在学中という青年期に早くも『陸象山』『哲学大観』の著作を通じて彼の哲学思想、社会学思想の根本が形成されていったことが特徴的でる。そして、当時に彼が接し得たコントをはじめとして多くの哲学思想、社会学思想に沿って（その形式に沿って）、社会学の体系化を図っていったものと思われる。

(b)　建部はコントの **positif, positivusme** を「実証的」「実証主義」とはせずに、「実理的」「実理主義」とすることに徹した。建部はむしろ儒学思想の伝統に依拠して、即ち、程子、陸象山、山鹿素行、佐久間象山、内田正雄編集・奥地誌略等の用法に典拠して頑として「実理的」の用法こそ相応しいとする。「コムトの **Positive** は明に東洋従来の健全なる思想の正径に在りて脈々として伝承相継ぎたる実理の意義に該当する」とする。

(c)　建部の社会学は、「基礎的全般的研究」としての総合社会学の体系化の試みである。「普通・一般社会学」として、社会学序説、社会理学、社会静学、社会動学の構成は、いささか形式的ではあるが、見事である。しかし、この構想の根幹は、いかにも儒学思想にあり、書史的であり演繹的であり、教義・教学・教化・教政的であり規範主義的である。構成自体も、体系的ではあるが、極めて論理的形式的分類的分析的である。

(d)　コント、スペンサー、ウォード等の社会学に倣いつつ、建部が「社会静学」と「社会動学」とを設定したことも特徴的である。社会静学は「社会の見在の説明」であり社会の発生・体制・運営を問う社会現象であり、社会動学は「社会の運命の説明」であり「勢」と「理」に基づく社会進化論と社会理想論である。知行合一を求め実践しようとする儒学の伝統に沿うものであり、建部の学問姿勢と政治姿勢をよく示している。学者と政治家との合一を求める儒学者の姿勢、持論家・経綸家の姿勢をもよく現している。

(e)　建部の社会学構想と社会学の体系化を検討するうえで、当時の歴史的社会的な状況と動静、思想的な動向等にも関心をむけなければならないだろう。明治二〇年代・三〇年代は、文明開化が進展し資本主義経済化が本格化し、列強諸国に伍して帝国主義を樹立していこうとしていく時期であり、さまざまな社会問題が出現し労働運動や社会主義運動、宗教運動なども台頭し、日清、日露の戦争に直面していった時期でもあった。思想界も複雑に競合・混沌・混迷し、洋才と和魂、洋学・和学・儒学、国際主義・国家主義・日本主義、進歩主義・復古主義、東西の文明主義、社会主義や人道主義、やがて大正期を迎えて個人主義やデモクラシー等が渦巻いていく動きのなかで、日本の歴史的な命運についての痛烈な危機意識、列強帝国との強い競争意識をもっていたのではないだろうか。

(f)　独特の表現でもある「渾一体」としての社会観にささえられた建部の社会有機体説も建部社会学

のもうひとつの特徴である。もちろん、社会有機体説そのものは建部の独創ではないが、「社会は有機体なり」「意識ある体なり」「社会には体制あり」とし、さらに「社会運用論」として「教化」や「政治」が重視され、社会理想論として社会本位主義、その政治的展開としての国家本位主義が強調され、そして、さまざまに噴出してきた社会問題の解決は、「大日本帝国の国体を基準とし、国是を実現するの不可避的手続きの一として」、「知行合一」を求める「帝国経綸」を説き、国家社会有機体説の特徴を濃厚にしていくものであった。

建部のこうした国家・国体を基軸とする「渾一体」の社会観はすでに青年期の社会学構想の過程にみられたものであったが、日清・日露の戦争を体現し、『戦争論』(一九〇六年)を書き『普通社会学』(全四巻)を書きあげ、大正期に入って「日本社会学院」を組織主宰していった頃から国体・国是・皇道を中心にした国家主義、強国主義の国家社会有機体説の傾向が一層強められていったように思われる。「官本啓導より民本自由に進み、民本自由より国本協同に進む」という考えを一層強めていった。

建部においては「社会学の研究は、社会学其者の全般的基礎的研究より始むるを要す」、「全般的研究に由りて斯学の成形一たび完きを得る、部分的研究は当然次ぎて成さるべき者」としていたが、高田保馬や戸田貞三らの日本社会学の確立期になると、個別科学としての社会学、社会学理論や家族研究、実証的研究などに徹する研究が展開されていくことになる。

(2) 学問運動におけるトライアンギュレーション

高田保馬は『階級考』(一九二三年、はしがき、一頁)のなかで次のように述べている。

明治四三年夏、大学を出てから四五年七月まで、私は階級を中心として自分の研究を続けた。これは、階級と云う事柄が将来社会に対する情熱に燃えていた私の興味を強くひきつけたからであるが、又これは恩師米田博士の指導により先ず特殊問題の考察に着手しようと思ったからである。

しかしながら、此研究は社会学上の他の何れの問題にも優りて私の不得手とする歴史的知識を必要とする。此事情から私は社会学一般の考察に転じ去った。

高田は、階級の理論的な研究をはじめ理論的な学問体系の展開、一般理論化に意欲を注いでいった。近代日本社会学の動きのなかで、大著『社会学原理』(一九一九年)をはじめ、明確に「社会科学の一平民としての社会学」「人間結合の科学としての社会学」の立場を位置づけ、理論社会学の分野で力の欲望説、社会的勢力説を基礎にして体系化を試みていった。

戸田も、自らの生い立ちや外山正一の「神代の女性」、スペンサーの『プリンスプルズ・オブ・ソシオロジー』との出会い、そして「もう一つには、私自身、社会学で一番大きな対象として扱わなければならぬものに、国家とか民族とかがあると考えてはいても、その時の自分の力からいって、家族の問題から入ってゆくのが最もやりやすいということが手伝っていたのです」ということで、家族研究に専念していくようになり、実証的な研究、実証的な社会学を展開していった。

このようにみてくると、広く学問の展開、ここでは社会学の展開におけるトライアンギュレーションを構成することができるように考えられる。すなわち、社会事象・社会的事実、生活事象・生活事実等をめぐる、①問題構成、②問題解明(理論と調査)、③問題解決(純粋な学問研究と問題解決志向・解決実践)の三つの側面からの三角測量・トライアンギュレーション(triangulation)である。

① 問題構成は、それぞれの社会学の展開において基本的にどのように問題を構成していくかに関わるものである。問題領域の設定(基礎的に理論的な問題領域か現実的実証的な問題領域か、micro-level か meso-level、macro-level、global-level か)、学問の総合化・個別化・共同化(総合社会学、個別科学としての社会学、総合・共同科学化など)、社会進化論や社会変動論を重視するか構造論的な視点を重視するか、方法論的な集合主義を重視するか方法論的な個人主義を重視するか、体系化、具体的な問題関心としての世界・文明・国家社会・市民・民族・階級階層・家族・村落・都市・産業・キャリア・教育・福祉・環境・ボランティア活動、人間関係など、それらに関わる歴史(pre-modern、modern、postmodernなど)、時間と空間などに関係する。

② 問題解明(理論と調査)は、①の構成された問題をどのように解明していくのかに関わることである。理論的な解明にも、演繹的、帰納的、発想的な解明(deduction, induction, abduction)が考えられるし、仮説的理論と理論、そして分析的理論と説明的理論も区別される。それらの背後に基本的な理論構想としての理論的なモデル、パースペクティブ(視座)、パラダイム(範型)を想定することができる。時代の動きのなかで、時には支配的な、時には流行的な理論的パースペクティブが存在するが、潜在的にはさまざまのパースペクティブが競合している。具体的な理論展開としては、紛争・闘争理論、構造機能主義・デュルケム理論、ミクロ相互作用論、功利主義・合理的選択理論、構造主義、構築主義などさまざまなパースペクティブが競合している。

調査する試みにも、理論検証型・仮説検証型・問題検証型(verification)の調査と理論構築型・仮説構築型・問題発見型(generation)の調査がある。前者が特定の理論を背景に、まずあらかじめ概念や命題を構成し、概念測定や仮説構成、仮説の検証を重視していく調査であるのに対して、後者はできるだけ仮説をもたずにフィールドに入り、そこでの社会的世界や出来事をできるだけあるがままに観察し記述し、それらに基づいてそこの社会的世界や出来事を説明し、それらに基づいて仮説や理論を柔軟に発想し、発見・生成・構築していこうとする調査方法である。

具体的な調査方法として実際の現地調査によるフィールド調査、サーヴェ調査、統計・記録・文書・文献等の既存資料を活用する文献調査等がある。調査資料に一次資料、二次資料、三次資料等があり、実際の調査に予備調査、一次調査、反復調査などがある。理論と調査は、別々のものではなく相互に媒介しているものである。

③　問題解決は、広い意味で純粋な学問研究(discipline-oriented studies)か実際の問題解決志向的・解決実践的研究か(problem solution-oriented studies)、診断か治療か、に関わるものである。①の問題構成、②の問題解明に深く関わっている。近代日本の社会学の創成・形成も、近代国家形成と強く結びつくかたちですすめられたために、学問研究というよりも国家社会の建設という実践的要請に応えるという傾向がつよかった。建部遯吾の社会学構想はその具体的な例である。コントやスペンサー、マルクスなどの古典的な社会学の場合でも、同じように実践的な特徴を色濃くもっていた。

これらの二つの動きは、しばしば両極の極端に傾きがちである。時代のなかで純粋の学問研究が専ら強調されすぎて問題解決志向が弱まると、現実のさまざまな諸問題に対応して解決していく能力を欠いていきがちになる。逆にさまざまな諸問題の解決実践に忙殺されるあまりに、基本的な問題を考えるうえで必要な純粋な理論的な研究を疎かにしがちになる。戦時中の日本の社会学における形式社会学、純粋理論社会学の動きが、文化社会学、知識社会学や歴史社会学等の動きを経緯しつつも、歴史的な渦のもとで「現実科学としての社会学」がにわかに問われ、「理論と実践の問題」（『年報社会学』一九三三年一二月、特集）が問われていった。時代的な変遷や歴史的社会的な状況のなかで、二つの動きが交互に繰り広げられることが多い。この問題解決も、さまざまな角度から、さまざまな人たちによって試みられるにしても、たやすく解明されたり解決されるわけではなく、①新たな問題構成や、②解明、③解決が求められたり促されたりしていく。

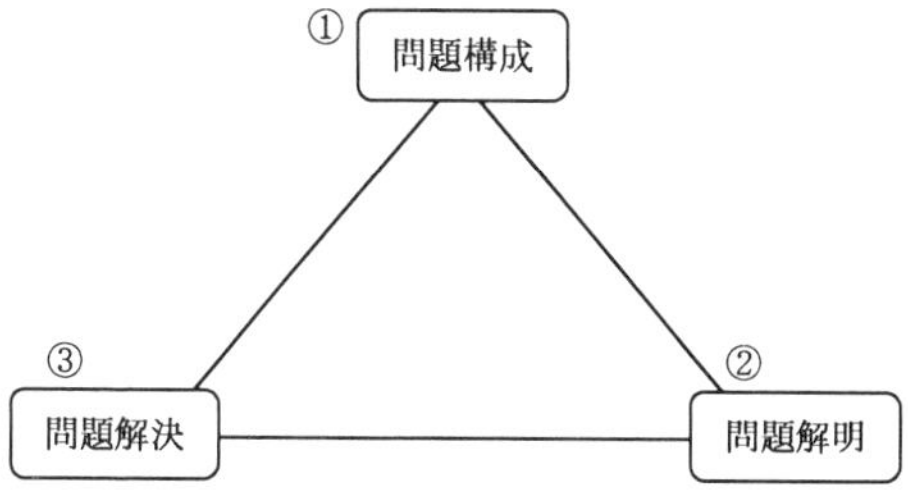

図1　学問運動におけるトライアンギュレーション

このように考えると、**図1**に示すように社会学における学問展開もそれぞれが関わる自らの・歴史的な関心・体験・「事実」をめぐって、①問題構成、②問題解明、③問題解決をどのように関連づけるか、という構図として捉え直すことができる。それらの具体的な内容が、その時代の、あるいはその個人の社会学的特徴を描き出すことになるといえる。それぞれの国のその歴史的な展開が、その国の社会学史を特徴づける傾向が強い。

(3) 戸田貞三の学問活動としての社会学

　このトライアンギュレーションの構図に照らせば、戸田貞三の学問活動はどのように描かれるのだろうか。戸田の指導教授であった建部遯吾の場合、①の問題構成は、国家社会論が中心問題であり、それを促すために儒学を基礎に「社会学其者の全般的基礎的研究」の必要を説いて、集合論的な社会有機体論、社会進化論の立場から社会学の体系化、マクロ社会学、総合社会学の展開を構想していった。歴史的な展開、歴史的な状況としては、pre-modern から modern への流れの社会学構想であった。②問題解明は、「実理的方法」といいながら、極めて哲学的、儒学的であり、演繹的論理的形式的分析的、教義的なものであった。調査による検証や問題発見、仮説構想というものからはかなりかけ離れていた。③問題解決は、科学的な学問研究というよりも、儒学の「知行合一」の思想に基づいて問題解決の実践が強調されて、しかも教学・教化・教政的であった。国体・国是・皇道を中心にした国家主義、強国主義のイデオロギー的性格の強いものであった。

　次の世代に位置する戸田の場合には、①の問題構成は、国家とか民族とかのマクロ・レベルの問題というよりも、どちらかというとメゾ・レベルの、中間的レベルの家族に焦点をあてて、特殊科学・個別科学としての社会学の立場からの問題構成であった。歴史的な展開としては、modern な状況における家族の変動、社会変動に関心が向けられている。

②の問題解明についていえば、戸田貞三は「建部先生の思い出」（一九四八年）のなかで、「先生は個々の社会学の問題をとらえてこれを実證的に研究し、その成果を積み上げて行くというよりも、社会学論の体系の樹立に急がれた。それ故に先生の社会学研究は学論と観られるもの、学論を根拠とする政策論と観られるものは多いが、実證的研究と観られるものは少ない。この点においては外山先生の行き方とは可成り異なっていた」と評していたが、戸田は近代化や産業化、都市化と家族の変動の関連を説明理論的に問おうとし、社会関係論や社会過程論の理論的立場から実証的研究を展開しようとするものであった。そして実証的方法による研究の重視もよく知られている「家族の集団的特質」の概念規定や視点に基づく仮説検証型の調査を中心とするものであった。

③の問題解決については、やはり建部の場合とは異なり、実際の問題解決志向型の研究、政策的な研究というよりも科学としての学問研究の立場からのものであった。しかし、高田保馬などと同様に、学問活動の後半期においては戦時下の動員体制のもとで問題解決の実践的な要請もあって、実証的な方法による学問研究も制限され、勢い国家政策、教育行政策にも関与せざるをえなかった。

戸田の社会学を中心とした学問活動も、特に家族研究に専念するところが多いが、必ずしもそれだけに限定されない。わたしは、これまでに『戸田貞三著作集』（全一四巻、別巻一）（一九九三年）の編集、監修に関係したが、その著作集の構成は「家族論」を中心に六部構成にした。（一）家族論（第一巻から第七巻)、(二)私有財産・職業・社会的地位(第八巻)、(三)人口・地域社会論(第九巻)、(四)社会調査論(第一〇巻、第一一巻)、(五)社会学論(第一二巻、第一三巻)、(六)学会活動・他(第一四巻)として、復刻出版の形で戸田の学問的業績の全体像を知る基本的資料を収録してある。「別巻」については、主に研究史という観点から戸田の著作についての書評、戸田の家族論を後にとりあげたいくつかの研究論文、関係者の「思い出」や随想等、そして「解題」を収めている。

この六部構成に従って、それぞれの主な著作をあげると、(一)家族論には「日本に於ける家の制度発達の研究」、『家族の研究』、『家族と婚姻』、『家族構成』、『家の道』、『家と家族制度』、『家庭と社会』、『家庭生活』、『家族制度』などが収められている。(二)私有財産・職業・社会的地位は、『私有財産問題』(一九二四年)、「社会的地位決定要素としての称号資格」(一九二七年)、「閥の社会的性質」(一九二四年)、「職業分野の変遷(一)(二)」(一九三八年)などである。(三)人口・地域社会論は、「自然の人口と人工の人口」(一九二八年)、「都市と農村」(一九三一年)、『農村人口問題』(一九三三年)、「日本橋区移入人口調査」(一九三四年)、「村を離れる人々」(一九三八年)などである。

(四)社会調査論は、「生活調査法に就いて」(一九一九年)、『社会調査』(一九三三年)、(戸田・甲田和衛共著)『社会調査の方法』(一九四九年)、「世論の報道と指導」(一九四九年)などである。(五)社会学論には、「米国に於いて社会学及社会問題を中等学校の生徒に教授する事に関する従来の経過」(一九二〇年)、「故穂積博士の社会学説」(一九二六年)、『社会学講義案』(第一部)(一九二八年)、『社会学講義案』(第二部)(一九三三年)、『社会学概説』(一九五二年)などが収められている。(六)学会活動・他は、「日本社会学会を中心として」(一九四一年)、「建部先生の思い出」(一九四八年)、「学究生活の思い出」(一九五三年)、その他『帝国大学新聞』に掲載されたものなどを収録している。

当時の学問動向と自らの学問関心から、高田保馬などと同じように戸田も個別科学としての社会学を、実証的な研究の立場に立って近代日本における社会学の確立に努力していった。しかし、戦後から今日に至る動向として顕著にみられる研究の専門化・個別細分化の動きとはことなり、個別に専門化しつつも幅広い研究を展開していたといえるだろう。

2　家族研究とその調査方法

戸田の家族研究に関する論稿はかなり多い。一九一二(明治四五)年に戸田は東京帝国大学文科大学哲学科(社会学専修)を卒業したが、その時の卒業論文題目は「日本家族制度の発達の研究」であり、この卒論が「日本に於ける家の制度発達の研究」と題名を変えて、新たに建部遯吾によって設立された「日本社会学院」の機関雑誌『日本社会学院年報』創刊号第一年第一・二合冊(一九一三年一二月)に掲載されたのを出発点として、家族研究を精力的に展開していった。いわば、家族研究は戸田の社会学研究の原点であった。戸田の家族研究を先の「日本に於ける家の制度発達の研究」の処女論文を家族研究の第一期、留学帰国後より『家族構成』（一九三七年）に至るまでを第二期、『家族構成』の公刊の時期を第三期、それ以降を第四期、として四つの時期に区分することができる。

(1)　戸田の初期の家族研究

先にも触れたように、戸田の卒論が「日本家族制度の発達の研究」であり、また同期の石原恵忍の卒論は「救済政策の研究」であったが、戸田にとってこの卒論に問題構成され設定された家族研究が、かれの学問活動の原点であり生涯の中心的な研究テーマでもあった。『日本社会学院年報』に「日本に於ける家の制度発達の研究」と題されて巻頭に掲載された論文は、組上がりで一三六頁にもおよぶ大部なものであった。

戸田が家族研究を選んでいった動機については、「学究生活の思い出」のなかで述べていたように、「三年の頃になってやっと社会学にゆこうという気になり」、それは「何かの時に、図書館で外山正一先生」の論文の確か「神代の女性」を読んだことが、きっかけになったのであったが、さらに大学三年で卒論を書く段になって、外山の「神代の女性」「神代の婚姻及び家族制度」などのいろいろの著述に触れたこと、建部遯吾の社会学体系の樹立の試みと違って外山の実証的な研究方法に影響をうけたこと、さらに外山の研究方法の背後にあったスペンサーの『プリンスプルズ・オブ・ソシオロジー』を読んだことなどがこの卒論を書く動機になっていた。もうひとつの動機は「私自身、社会学で一番大きな対象として扱わねばならぬものに、国家とか民族とかがあると考えてはいても、その時の自分の力からいって、家族の問題から入ってゆくのが最もやりやすいということが手伝っていたのです」ということであった。しかし、さらに加えて、そこに至る原体験としての幼少時から青年期にかけてのひとり親元を離れ家を離れ家族を離れて過ごした自らの生活経験が背後に根付いていて、家族研究という問題構成を展開していくことになったのではなかろうか。

有賀喜左衛門（一八九七―一九七九）は、美術史研究や民俗学、社会経済史の研究から日本の家、日本の家族の研究、農村研究、都市研究等を展開していったが、有賀の場合にも自らの生活経験が家の研究、農村研究の原点を根幹で支えていたように思われる。中野卓がいみじくも次のように指摘している。

有賀先生は明治三〇年一月、長野県上伊那郡朝日村平出の有賀喜左衛門六世の長男として生まれ、幼名を道夫といった。二才のとき母と死に別れ、九才のとき父の逝去により七世喜左衛門を襲名したため。幼いころから平出ムラの地主親方喜左衛門家の社会的役割、小作子方との社会関係における義務・責任を、村人との生活のなかで、ひしひしと感じながら見聞きし、彼らの農村生活から学びとってきた。これが後の有賀社会学の始まりである。（中野卓、二〇〇〇年、八七頁）

戸田の「日本に於ける家の制度発達の研究」の論文構成は次の通りである。

序　説
第一章　太古に於ける家の制度
第一節　総説
第二節　太古に於ける男女の社会的地位
第三節　太古の家の體制
第四節　太古の家の運営（機能）
第二章　王朝時代の家の制度
第一節　総説
第二節　王朝時代の家の體制
第三節　王朝時代の家の研究

「序説」には家の制度発達の研究にたいする戸田の研究姿勢がよく示されている。「現在我国の家なる制度が如何なる状態にあり而して是が将来如何なる形に変り行くや、旧来の家族制は全く崩潰し去るものなりや否やは実に我国民の経済上政治上及社会生活上の根本的大問題にして従来屡々有力なる学者諸先輩により論ぜられ而も尚其の解決を見ずして存する頗る困難なる研究題目なり」とする。そして「是が重要問題として存する所以は其が如何に変化するか如何なる形式を取らんとするの傾向あるのかの問題と其を如何なる方向に導くが最も良く社会の進運に添ふかの問題とを存すればなり」として、家の制度の発達の研究にも、変遷如何、変遷の由来如何という「勢」の研究と如何なる方向に導くのがよいのかという理想を示すところの「理想」を考察する研究の二方面からの研究が必要であるとする。この「勢」と「理」の用法、「進動」「社会の進運」などの用法は、建部がよく用いていた用法でもある。

しかし、戸田は「勢の赴く所を知らんとせば必ずや従来変遷の由来を尋ぬるを要す　若し従来の進動の形跡を顧みずして論断せんとせば仮令其の断定が適中せりとするもそは一種の意見にして科学的立論にあらず科学的研究としては事実を基礎とせずんば何等の価値なし是れ勢いの究明に事実研究の重要なる所以なり」としていたことは特に注目される。

明治期に入って近代国家社会の建設においてそれを支える家族制度の重要性が強調され家族主義

や「戸主制度」存置をめぐる論議等が盛んになり、家族制度の研究が重視されていた歴史的な背景があったことは明らかである。だが、「有力なる学者諸先輩により論ぜられ」てきたものに対する戸田の批判的姿勢は鋭い。「論断」や「断定」は「科学的立場にあらず」として、「事実を基礎」とする科学的研究の必要を説いている。その批判は暗に有賀長雄(一八六〇—一九二一年)の社会進化論を基礎とする社会学や建部の社会学構想や体系化にも向けられている。

有賀長雄の『社会学　第三巻、族制進化論』(一八八四年)、建部の『普通社会学』(この時点では第三巻まで刊行、一九〇四年、一九〇五年、一九〇九年)にしても、日本家族や日本社会の歴史的な事実や現実を基礎にした研究というよりも、社会進化論や趨勢論をもとにした一般的な家族論の展開であり社会学の体系化であるという批判的姿勢である。「戸主制度存廃論」批判と戸田の家族制度史研究については、森岡清美の論文に詳しい(森岡清美、一九九三年)。戸田のこの論文の発表と同じ頃に、河田嗣郎『家族制度ノ発達』(一九〇九年)の戸主制度廃亡論や奥田義人の「家族制度に就いて」の存置論などが盛んに議論されていた時期であり、やがて一九一九年には戸主制度存置のための民法改正のために臨時法制審議会が設置されていったのであった。

こうして外山正一の試みに刺激されて実証的な方法、戸田の「事実」を基礎にする「科学的研究」を展開していく。「古来我国には如何なる家の制度が存せしか、そが如何に変遷せしか、其変遷の原因如何、此制度と他の社会の諸般の文物との関係如何を幾分なりとも明にせんと欲するのみ」として、ここでは「勢」の方面の研究のみに限定するとする。第一章「太古に於ける家の制度」、第二章「王朝時代の家の制度」を考察している。

第一章の「太古」は、外山が取りあげた「神代の女性」の時代にあたり、神代から大化改新に至るまでの神代と上古の時期をさしている。第二章の王朝時代は、大化改新以降の律令体制下とその崩壊期までをさしている。社会状態の変遷につれて、特に男女の社会的地位の変化、すなわち、武力、富力、そして「女子は男子に劣るもの」とする思想の導入や感化などの地位の変化によって、「神代の男女の社会上の地位は略ぼ同等なるか或いは女子の地位少し男子の上にありし」とする社会的地位が「女子は（男子の）其保護を受け其支配を蒙りて其社会上の地位漸次向下」して変化していく動きを中心にして、家の制度が家長的家族制に変遷していく形跡を「事実」をもとに研究しようとする。戸田は「外山の『神代の女性』そのものから出発し、女性から全体としての家へ、神代からもっと後の時代へと、それを発展的に推し進めようと試みた」（山室周平、一九八七年、二四五頁）といえる。山室も指摘していたように、高群逸枝の『母系制の研究』（一九三八年）の以前に戸田のこうした研究があったことはやはり注目される（山室、二五六年）。

戸田の二〇歳代のこの論文において、我が国の太古および王朝時代における家の制度の変遷を家

表１　大日本古文書の戸籍による男女の婚姻年齢

女の婚姻年齢＼男の婚姻年齢	14-17	18-20	21-23	24-26	27-29	30-32	33-35
11-13	—	1	2	3	5	—	1
14-17	1	6	8	12	6	—	1
18-20	2	7	7	16	10	5	2
21-23	—	7	10	12	13	7	3
24-26	—	3	1	6	12	8	1
27-29	—	—	—	5	3	7	2
30-32	—	—	1	1	—	3	1
33-35	—	—	1	1	2	—	1

（引用）　戸田貞三「日本に於ける家の制度発達の研究」、1913年、77頁

「体制」（「男女の社会的地位」、「婚姻制」、「夫婦関係」、「親子関係」、「家の構成」など）と「機能」（職能運営）（「祖先崇拝」、「家の経済状態」、「家の支配関係」、「種族保存」など）に分けて考察しようとしたのであった。

資料としては多くの既刊の根本史料、「大日本文書」などの古代史にかかわる歴史的基礎史料、戸籍資料を活用して「事実を基礎」とする「科学的研究」の立場からの家の制度変化の分析を試みたものであった。また、「大日本文書」の戸籍から王朝時代の男女の婚姻年齢を求めて、「概して男は廿歳以上女は一八歳以上にて婚姻せしが如し」として、統計表の作成を試みているなど（戸田、一九一三年、七九頁）（**表1**参照）、後の戸田の統計資料の活用や統計的分析の一端をすでに表している。

しかも、基本的には戸田の家族研究の軌跡は、制

度論から団体論・集団論への動きとして理解できるが、この処女論文において単なる制度論的考察にとどまらずに、団体論的な考察をすでに模索していると読みとることもできる。彼のその後の家族研究において、その構想のすべてについて充分に果たせなかったとしても、家、家族をめぐる「体制」と「機能」、家制度と「他の社会の諸般の文物との関係」、「事実を基礎」とする「科学的研究」などのように、戸田の家族研究の基本的な原型、問題形成と構想とが描かれていた。戸田の学問研究における鋭い批判的継承の態度に瞠目せずにはおれない。

(2)　留学より帰国後の家族研究

一九二二(大正一一)年九月にシカゴ大学を中心とした海外留学より帰国してから書いた家族研究に関する最初の論文は、「夫婦関係の強さの測定(離婚に関する一研究)」(一九二四年a)であった。「親子中心の家族の特質」(一九二四年b)、「家系尊重の傾向に就いて」(一九二四年c)、「日米両国に於ける夫婦結合の強さに関する比較」(一九二四年d)の論文もほぼ同じ時期のものであった。帰国直後のこの第二期前半では日本の家制度の変化、集団・団体としての家族生活の事実変化に持続的な問題関心を注ぎつつ、「夫婦関係」「家族的生活者と非家族的生活者」のように家族の「体制」(構成)的な側面と「家族精神」「家産」「家系尊重」、有産階級と多数の貧乏人の階層差などにみる家や家族の「機能」

的な側面についての考察にみられるように、先の処女論文以来の関心や構想をもち続けていたように考えられる。しかし、『家族の研究』(一九二六年)を経て、『家族と婚姻』(一九三四年)、『家族構成』(一九三七年)に至るまでの第二期後半には、家族構成(体制)論を主とした家族研究を展開していった。

「夫婦関係の強さの測定」と「日米両国に於ける夫婦結合の強さに関する比較」の二つの論文は、同じ問題関心より書かれている。「夫婦関係の強さの測定」をするには二つの方法があるという。「一つは、一つ一つの夫婦関係の強さの測定」であり、それらを通じてそれぞれの個別化傾向を導き出し得ても直ちに一般的通有性を定めることはできない方法であり(個別的事例的研究方法)、「他は一定の風俗、慣習、法律、信仰等をもつ社会内の夫婦関係の総数について観察し、此社会内に於ける夫婦結合の強さの一般的傾向を測定」する方法である(全体調査、統計調査)。そこで、戸田は、前者の方法によっては個別化傾向の特に強いところからそこに通有性を求めたとしても「結局徒労に終り易い傾き」があり、後者の方法を採用して夫婦結合の強さを「一般に人と人との関係に就いて、其の結合の強さを最もよくあらわすものは人と人との交通度である」(一九二四年a、四頁)として、「夫婦結合と其の時間的存続との関係」と規定して内閣統計局の「離婚統計」(人口動態統計の「離婚票」)、米国についてはSpecial Census Report, “Marriage and Divorce.”)を活用して、「夫婦関係継続期間の大小」を具体的な指標として分析していた。

統計的な手法の片鱗はすでに処女論文にも示されていたが、ここでは統計調査に依拠した統計分析を中心にしたものであった。こうした実証研究の手法の採用には、「一般的にいってアメリカ社会学から理論的に学んだところよりも、実際の社会現象をつかまえて深く探究してゆくという学風に大いに学ぶところがありました」(「学究生活の思い出」)と後に語っているように、戸田のシカゴ大学など米国での留学体験や研究者との接触を通じて刺激されるところも大きかったと思われる。

この「夫婦関係の強さの測定」、その「日米両国の比較」の論文を通じて、「……両国共に離婚するものの内、婚姻後比較的早く結合を破るものは比較的多く、それより結合持続時間(期間)の増加につれて、結合を破るものの絶対数は増加するが、然し其増加率は結合持続時間の増加に比して次第に少なくなる傾向をもっている」(一九二六年、一一三頁)という一般的傾向に言及していた。

次いで、以後つぎつぎと発表していった諸論文の論文集の形になっている『家族の研究』(一九二六年)は、家族研究において「制度として観る方面」と「団体として観る方面」の二方面からの研究が共に必要なことを説いて、「一、家族結合と社会的威圧、二、夫婦関係の強さの測定(離婚に関する一研究)、三、日米両国に於ける夫婦結合の強さに関する比較、四、階級内婚制に就いて、五、親子の結合に就いて、六、親子中心の家族の特質、七、家系尊重の傾向に就いて、八、家族生活者と非家族生活者、九、家族構成」の既発表論文を一冊にしたものである。

戸田の家族研究の第二期後半にわたる『家族と婚姻』(一九三四年)は、「人々の生活要求」や「生活内容」を軸に、「小序、家族の集団的特質、職業世襲の傾向に就いて、事実上の婚姻と法律上の婚姻、カトリック教徒と家族生活、夫婦分解の傾向に就いて、日本の離婚と米国の離婚、自然の人口と人工の人口、日本の家族制度の特質、家族の集団的特質の変遷、家族制度の改造、家族構成」など、やはり既発表論文に若干の加筆をして収録したものである。

これらを通じて家族制度に関わる研究論文がかなり含まれてはいるが、団体・集団としての家族の構成にかかわる主著『家族構成』に連なる研究蓄積や論文構成が着実に用意されていく展開を認めることができる。同時に後の追懐にあるようにこの時期は「……いろいろ勉強しているうちに、ファミリーという言葉と、日本でいう家という言葉がどうもぴったり一致しないのではないかということに気がつき、この家、家族と日本でいわれているものの概念内容を歴史的にみてみようと思うに至りました」、そしていざ「団体としての家族の性質を見極めよう」としても、「ヨーロッパやアメリカの家族研究では、二世代家族とか三世代家族とかいうようなことは、あまり問題になっていませんが、日本の場合、そういうことも実際には大きな問題で、果たしてそれらがどういう形で存在しているかということを、調べてみなければならない」(戸田、一九五三年)として、理論的にも調査方法論的にも模索し苦闘し続けていた時期でもあった。

また、この期における「親子中心の家族の特質」をめぐる「家族精神」（家系尊重）と「家産」の一致、不一致をめぐる考察、家族の階層差（階級差）厳存の指摘、「家族制度の改造」をめぐる議論に関しても「家族生活の形は人々の持つ文化形式の変遷に応じて次第に変化して行くもの」であり、家族なる小集団は人々の内部的要求が基本となるもので、「……家族制度の改造は家族に固有の機能を助長する意味に於いて、少なくともそれを阻害しない方針の下に於いて行わるべく、樹立せらるべき制度は、主として次世代の者の扶育と人々の生活安定とに関するものであるべく、それ以外の行動に亘るべきではない。即ち家族制度の樹立は出来る限り謙遜であることを必要とする」（一九三三年）と指摘していたことなども戸田の家族研究において注目されるべきところであろう。処女論文の「日本に於ける家の制度発達の研究」で提起した問題構成に対して漸く戸田のひとつの見解・解決を示したともいえるだろう。

(3)　主著『家族構成』（一九三七年）の刊行

戸田貞三の主著とされる『家族構成』（一九三七年）では、先の『家族の研究』（一九二六年）、『家族と婚姻』（一九三四年）などの家族研究の過程を経て、初期論文にほぼ萌芽し混在していた（一）家族制度の研究、(二)家族の機能と外部社会の機能との関係についての研究、(三)家族の集団的性質についての研究が、ここでは明らかに研究上区別されて、(三)の家族の集団的性質をめぐって「これらの問題の一部分たる現代わが国における家族の構成形式」(「はしがき」、一頁)に限定されて考察されていく。その目次構成は次のようなものであった。

はしがき
序　説
第一章　家族の集団的特質
　第一節　家族の性質に関する諸説
　第二節　家族の特質
第二章　わが国の家族構成
　第一節　家族の内に於ける人々と外にある人々
　第二節　家族構成員数
　第三節　近親者と家族構成員
　第四節　家族の構成形態

この目次からも明らかなように、戸田はそれまで発表してきた諸論のなかから主として家族の集団的性質の「構成形式」に関連する論文を選び加筆凝縮して編んで本書を構成している。「序説」では、「家族なる小集団は人々の内部的要求が基本となり、この内的要求が外部社会から課せられる諸条件に直接支配せられて社会的に是認せられ得る形を取ってあらわれるものである」という基礎的な発想にもとづいて、第一章「家族の集団的特質」が論じられ、家族の性質に関わる諸説の検討、そして戸田自らによる家族の集団的性質についての定義が試みられている。

資料1に示されているように家族の集団的性質をめぐって、(1)〜(6)の性質が挙げられている。こ

資料1　戸田『家族構成』における「家族の集団的性質」

家族の集団的性質に関しては右に述べたように種々の説明が試みられているのであるが、今これらの説明を要約すると、家族は次のごとき特質を持つと観られていることになる。

(1) 家族は夫婦、親子およびこれらの近親者よりなる集団である。
(2) 家族はこれらの成員の感情的融合にもとづく共同社会である。
(3) 家族的共同をなす人々の間には自然的に存する従属関係がある。
(4) 家族はその成員の精神的ならびに物質的要求に応じてそれらの人々の生活の安定を保障し経済的には共産的関係をなしている。
(5) 家族は種族保存の機能を実現する人的結合である。
(6) 家族は此世の子孫が彼世の祖先と融合することにおいて成立する宗教的共同社会である。

資料2

従来家族の特質について述べられた説明内容の主なる点をあげると、右に述べたごとく六種に要約することが出来るが、このうち最後の二性質——種族保存の機能および宗教的行事——は、前述の説明によって明らかなるがごとく、一般的にいずれの家族においてもみられる特質ということが出来ない。それ故に家族の一般的性質を尋ねんとする場合には、これら二性質を除くことが必要となる。これらの二性質を除いてみると、家族は夫婦、親子ならびにその近親者の愛情にもとづく人格的融合であり、かかる感情的融合を根拠として成立する従属関係、共産的関係であるということになる。

（戸田『家族構成』四三—四四頁、六一頁、復刻版〈新泉社〉では、三七頁、四八頁）

れらのうち最後の二種類—種族保存の機能および宗教的行事—は「一般的にいずれのの家族においてもみられる特質ということは出来ない」（**資料2**参照）として除かれて、「家族は夫婦、親子ならびにその近親者の愛情にもとづく人格的融合であり、かかる感情的融合を根拠として成立する従属関係、共産的関係である」というよく知られてきた定義をしている。この第一章は主に家族の集団的性質に関する理論的検討がなされ、「家族なる小集団」としての小家族論に基づく理論的な仮説構築にあてられている（家族の一般的理論化）。

第二章「わが国の家族構成」では、第一章の「家族は近親関係にある少数の人々の感情的融合にもとづく小集団である」という理論的仮説の実証的経験的な分析と検証にあてられている（当時のわが国において現われた家族構成についての実証的な解明)。この実証的な検証のために用いられている調査資料は、一部分は奈良時代の戸籍や江戸時代の各地の宗門人別帳なども利用されている箇所もあるにはあるが、その中心的資料は一九二〇年(大正九)年の第一回国勢調査による統計資料であった。

確かに戸田は生涯にわたって法制史料や文書史料の活用を随所で試み、後年になっても「現在も、私の家の茶箱一杯に、寛政家譜蒐集が押し込んでありますが、これは各大名の家がどういう続き方をしているかを調べようと思って集めたものでしたが、殆ど未着手のまま放ってあります。私はもう、やる勇気もありませんが、誰かやればいいと思っています」と述べているところからもうなずけるように、文書史料等にも強い関心を寄せそれに基づく家族史に関する研究も多いが、戸田の活用した調査資料は圧倒的に統計調査資料であった。そして、この統計調査資料の活用の考え方は、後に触れるように、戸田の社会調査論における「広義」の科学的な社会調査の考え方に支えられていたものとみるべきであろう。

海外留学から帰国後間もない時点で離婚統計資料を用いて論文「夫婦関係の強さの測定」(一九二四年)を試みてその一般的傾向を導き出していたし、本書『家族構成』の第二章第一節「家族の内にある人々と外にある人々」は、もともと一九二五年に「家族的生活者と非家族的生活者」(『社会政策時報』第六二号所収)として発表してあったものを修正加筆したものであり、そこではすでに第一回国勢調

表2　近親者と家族構成員（1）

	実数 千人			指数		
	東北五県	京阪地方	六大都市	東北五県	京阪地方	六大都市
世帯主夫婦および子	2,742	3,187	3,702	1000.0	1000.0	1000.0
父、母、子の配および孫	874	446	320	318.7	139.9	86.4
祖父母、孫の配および曾孫	38	4	9	13.9	1.3	2.4
世帯主の第一傍系親およびその配偶者	165	103	153	60.2	32.3	41.3
世帯主の第二傍系親およびその配偶者	23	2	7	8.4	0.6	1.9
世帯主の第三傍系親	1	-	-	0.4	-	-

表3　近親者と家族構成員（2）

	全国	東北五県	京阪地方	六大都市
全家族構成員	1000.0	1000.0	1000.0	1000.0
世帯主の傍系親およびその配偶者	34.5	49.1	28.0	38.0
世帯主夫婦およびその子以外の世帯主の直系親およびその配偶者	14.7	236.8	119.9	78.1
世帯主夫婦とその子	819.4	712.0	849.2	878.5

（この表中には配従者の血族は加算されておらない）

（引用）　戸田貞三『家族構成』（復刻版）、237頁、240頁。（原典）364頁、368頁。

査の調査結果による全国五千五百九六万三〇五三人、一一二一万世帯のうち一〇〇〇分の一抽出をした写しを利用して、「調査写し一万一千二百十六世帯につき、一世帯毎に純親族関係にあるものと然らざるものとを別けて」、「此方法によって、各世帯毎に純親族関係にあるものだけを、自分の固有の家族団体と考え、其家族団体に従属的地位に居る使用人、同居人、一時の宿泊人来客等、凡て各世帯の世帯主と何等の親族関係なき者、及び寄宿舎、合宿所、旅館の如きへ宿泊せる者を自分の固有の家族団体の内に生活して居らぬ者、自分の固有の家族的生活根拠を持たぬもの、即ち非家族的生活者と見なした」という区別によって統計的分析を詳しく試みていたものである。

本書『家族構成』の以下第二節「家族員数」、第三節「近親者と家族構成員」、第四節「家族の構成形態」も同様に全国各府県にわたる国勢調査の千分の一抽出資料による統計分析を試みており、掲載されている統計表も四〇表近くにも及んでいる(それらの例として**表2**、**表3**を参照)。この調査方法は、『社会調査』(一九三三年)のなかで「部分調査又は選択調査法」の「抽出調査法」として位置づけられ検討されているところである。

このようにして、戸田は、当時のわが国の家族構成の「事実」を、(i)非家族的生活者の増加(全国男女を一〇〇として当時の比率で約一〇・三%)、(ii)家族員数の少数化、(iii)近代的産業機関の発達、家族員の外部への誘出、交通機関の発達、家業の減少などにより「家長的家族」の変化(表2、表3を参照)、(iv)「……比較的単純な構成を持っている二世代内以内の者からなっている家族が一般的になっている」こと、「直系親三世代(親・子・孫)以上の者よりなっている家族(「伝来的家族」、家系の存続)は総家族中、約三割弱に過ぎない」こと、家族員の族的種類が単純化しつつあること、などを統計的計量的に明らかにしていた。『家族構成』の第一章で提示した理論的仮説(理論的一般化)と第二章の個々の経験的一般化とのあいだを対応検討する章のないままに終わっているが、近代日本家族研究の先駆的な貴重な業績であることは疑いない。

(4)　『家族構成』以後の家族研究

戸田の家族研究の第四期にあたる『家族構成』以後のそれは、戦中期にあってその研究内容もかなり変容していく。戸田貞三編「県別人員別世帯構成表」(一九三八―三九年)(『著作集』第五巻に収録)は、当時の東大社会学科の学生達が演習をかねて作製したものと思われる統計図表である。一九二〇(大正九)年と一九三〇(昭和五)年の国勢調査の世帯構成表を比較対照したもので、内地に限らず朝鮮、台湾の分も含まれていたが、論文等としては活用されなかったようである。

戦局が厳しくなるにつれて、これまでの「事実を基礎」にした科学的研究を重視してきた戸田の研究姿勢も一転して、戦時体制の渦に巻き込まれていったように思える。戸田自らの学問研究というよりも、軍国主義体制という外部社会に刺激されつつ一面では消極的批判的な姿勢を堅持しつつも、戦時体制化の渦に翻弄されていったともいえる。

『家の道』(文部省戦時家庭教育指導要綱解説)(一九四二年)、『家と家族制度』(一九四四年)などでは、これまでの家族研究とは異なって、家族をとりまく外部社会、国家や民族の観点から家族制度を論じられているものが多い。

以前に戸田は家族なる小集団は人々の内部的要求が基本となるもので、「……家族制度の改造は家族に固有の機能を助長する意味に於いて、少なくともそれを阻害しない方針の下に於いて行わるべく、樹立せらるべき制度は、主として次世代の者の扶育と人々の生活安定とに関するものであるべく、それ以外の行動に亘るべきでない。即ち家族制度の樹立は出来る限り謙遜であることを必要とする」（一九三三年、二五九頁）（傍点筆者）と述べていたが、ここにきて「我が国の家の特質とその使命」のように、時局、国策、皇民化の認識のもとで政策的意図から、「……現実的には国家は最高にして最重要のものである故に、我等はそれに最大限の忠誠を捧げ絶対的にその要求に従わなければならないからである」、「……国の制度と国の要求とに応じなければならない」（『家の道』一九四二年、二五二―二五三頁）としており、以前の言明とは異なる形で確かに記されていた。

（5）戸田の家族研究の特徴

戸田の家族研究の展開は、第一期の「日本に於ける家の制度発達の研究」（一九一三年）、第二期の『家族の研究』（一九二六年）、『家族と婚姻』（一九三四年）、第三期の主著『家族構成』（一九三七年）、第四期の『家の道』（一九四二年）、『家と家族制度』（一九四四年）等によって辿ることができる。

（一）処女論文の「日本に於ける家の制度発達の研究」のなかで、家族制度の研究、家族史的な研究への関心、家、家族をめぐる「体制」と「機能」、家制度と「他の社会の諸般の文物との関係」、家族の団体的・集団的性質、そして「事実を基礎」とする「科学的研究」などのように、戸田の家族研究の基本的な原型、構想がすでに描かれていたことは注目しておいてよいだろう。だが、第二期の研究にみられるように、戸田の特にアメリカでの留学経験や実証主義的な研究の影響もあって、近代日本の急激な歴史的な変動、生活変動のもとで制度としての家族よりも集団としての家族そのものが現実にどのような状態にあるのかの「事実」の解明に向けられていった。戸田の家族研究の基本的な軌跡は、家の制度論、家族史研究から団体論・集団論を軸とする研究への動きとして理解することができる。そして、戦時下に入って、時局の急迫とともににわかにまた制度論に回帰する形跡をもしめしていた。

このようにして、従来の家族論、家族研究を批判的に継承しつつ、新たに問題構成を試み家族研究のいくつかの基本的な研究領域を独自に明瞭にして、特に家族の集団的性質に焦点をあてて展開していったことで近代日本の家族社会学を先駆的に開拓していった業績は高く評価される。なかでも、主著『家族構成』は代表的なものであった。

有賀喜左衛門は、『家族構成』をめぐる戸田の家族研究の問題構成について次のように評価していた。法律上の家族と実際の生活上の家族とが次第に一致しない状況がしばしばみられるようになり、「戸田貞三はこの事実に鋭い眼を向けて、日本の家族の実態を探ろうとし、名著『家族構成』を昭和一二年に上梓した。当時の家族論はほとんど法律的な議論か、イデオロギーの論議に終始して、日本家族の実態の分析は全くなかったので、戸田は現実の世帯構成をつかまぬ限り、日本の家族の基本的性格を知ることはできないものとして、大正九年（一九二〇）の第一回国勢調査によって全国的な状況を知ることに務めた。そして国勢調査の普通世帯をもって実際の家族であると推定したから、そこから出発したのである。この考え方は当時としては誠に画期的なものだった」（有賀、一九六五年、五八頁）。

（二）戸田によるわが国の家族の集団的特質の解明、問題解明は、分析視覚としての家族の定義に大きく特色づけられる。諸説の考察に始まって、「家族は夫婦、親子ならびにその近親者の愛情にもとづく人格的融合であり、かかる感情的融合を根拠として成立する従属関係、共産的関係である」としている。これは、どちらかというと、家の研究や家族の制度論というよりも、社会集団、社会過程、社会関係という視点から、「家族なる小集団は人々の内部的要求が基本となり、この内的要求が外部社会から課せられる諸条件に直接支配せられて社会的に是認せられ得る形を取ってあらわれるものである」とする小家族結合論を展開したといえる。こうした基本的な立脚点は、戸田の『社会学講義案（第一部）』（一九二八年）、『社会学講義案（第二部）』（一九三三年）などの社会学論と符合するものであった。社会学は、人々の生活要求、心的態度、社会化の態度によって繰り広げられる現実の共同の生活によって形作られる合一化、即ち結合を考察するものであり、特に人と人との接触を基礎とする社会関係論、社会過程論を軸とする社会学の展開であり、家族論もそれに呼応する内容になっていた。

しかし、『家族構成』の第二章での家族の集団的特質についての分析視覚と分析方法による解明は、集団の構成的特徴の分析であり、「国民の尊重する家族形式」（「伝来的の家族構成」）と「事実上行われて居る家族」（「現在行われつつある家族構成」）とを理念的に区別して後者の視点から主として一九二〇年の時点での国勢調査からの抽出による世帯個票の実証的な、統計的な分析方法の展開であった。それらを通じて、(i)わが国における親子結合を中心とした家長的家族の特質（「家系の連続」〈直系尊属、傍系近親〉、「家系の存続の重視」）、(ii)家長的家族の漸次的な減少、(iii)小家族化（核家族化）、(iv)「非家族的生活者」の増加（「家族内に安定を見出し得ぬ人々」の増加）、(v)家族員の族的種類の単純化などの経験的統計的な傾向を見いだしている。日本の家族は、家長的家族の特徴を持続的にもちつつも、小家族結合という家族の一般的特質としてもっており、趨勢的に増加していることを析出したのであった。

戸田の小家族結合論を軸とする家族研究の展開は、一面では家族のもつ基本的、一般的な特質は何かを考えていく重要な契機となり、また日本社会の近代化、産業化、都市化等の進展のもとで現実の家族がどのように変容・変遷しつつあるのかに眼を向けさせる転換点となっていったのである。そこから、若い研究者が育ち、新たに重要ないくつかの論争を引き起こす大きなステップを用意することができたのである。

（三）　しかし、他面では、戸田の家族の定義は多分に近代主義的色彩を色濃くもっていたともいえなくもない。「事実を基礎」にするにあたってそうした近代主義的な背後仮説があって、家族の一般的特質や小家族結合論を導き出す分析視覚や分析方法を大きく方向づけていったとも思える。「家族なる小集団は人々の内部的要求が基本にあって」としながらも、その「人々の内部的要求」そのものやその歴史的社会的な変遷についてもその後充分に深められることはなかったといえる。さらに家族なる小集団は「人々の内的要求が外部社会から課せられる諸条件に直接支配せられて社会的に是認せられ得る形を取ってあらわれるもの」としていたが、この点でも初期の研究や戦時下の家族論にみられたとしても、やはり充分に深められずに終わった。

有賀の批判にもあるように「家族の具体的な存在は、それぞれの民族や国民の文化と結びついた歴史的な存在である」(有賀、一九六八年、六二頁)という研究や歴史的、個別具体的な研究は深められることはなかった。また、社会集団としての家族の機能についての研究も一般的な指摘にとどまり、有賀などが着目した「生活集団」(「生活連関」、「生活組織」)としての「家」や家族の研究ではなく、家族構成という視点を中心にした家族の一般理論化志向の強いものであった。

家族構成の分析においても、家族の一般的特質の析出に注意がむけられるあまりに、家長的家族と小家族結合との相互の関連、直系・嫡系と傍系との関係、家族的生活者と「非家族的生活者」との関係、家族の類型構成等の点でも問題を含んでいたといえる。

(四)　実証分析の方法も、『社会調査』のなかにある大きな三つの調査方法のうち、当時のわが国の「事実上」「現在行われつつある家族構成」の解明という研究目的、問題構成に照らして国勢調査を利用した統計的な抽出法による統計分析を中心とするものであった。千分の一の抽出写しからの手集計であったであろうから大変な労力と努力を必要としたと思われる。内閣統計局『抽出方法に依る第一回国勢調査結果の概観』(一九二四年)が出された当初以降の研究であるから、『家族構成』(一九三七年)に内実し公刊されるまでに一〇数年を要している。

小家族結合論に基づく「家族は近親関係にある少数の人々の感情的融合にもとづく小集団である」、「かかる感情的融合を根拠として成立する従属関係、共産的関係である」という理論的論理的な前提、理論仮説がまずあって、その前提なり仮説を検証していく実証分析の手法である。いわば、仮説検証型の調査分析方法である。日本全国で第一回国勢調査のおこなわれた一九二〇年という時点での「現実」、ワンショット・サーヴェーであった。戦後日本で社会階層や社会移動について一九五五年以降一〇年ごとに実施してきたＳＳＭ調査のような継続的な調査ではなく、一九二〇年時点での一時点調査分析ともいえる。

国勢調査の統計資料が、戸田の問題構成や問題関心に応える面が多分にあったとしても、果たして戸田の理論仮説の検証に充分に応え得るものだったろうか。この時の国勢調査は、今日の常住地主義と異なり、一〇月一日現在の現在地主義であった。その意味では統計資料そのものの検討もまず必要であったかもしれない。理論仮説検証型の実証分析であったとしても、第1章の家族の集団的特質の理論解明、仮説構成と第2章の家族構成の実証的解明とが充分に対応していたとはいえないのではなかろうか。調査過程論からいえば、得られた経験的一般化をさらに理論構築や理論仮説の再検討という循環的媒介的な過程は、ここでは中断してしまっている。

しかし、戸田は近代日本家族の当時の現在の事実上の集団的特質を解明すべく「長い間解き難い問題」として残されていたところに、わが国最初の全国調査として国勢調査が実施され、しかも「内閣統計局の好意」によって千分の一抽出による個票に接し得る千載一隅の機会を得て、そして長年培ってきた「社会調査」（統計調査）への関心にも支えられて、『家族構成』を結実させていったのである。

3　先駆的な社会調査論の展開

大学の卒業論文でもあった「日本に於ける家の制度発達の研究」を最初にして、比較的に初期の時点から生活調査、社会調査等に関心が向けられていたことを知ることができる。調査論に直接に関連する文献をまず挙げておくと、「生活調査法に就いて」(一九一九年)、「社会調査」(一九三三年ａ)、『社会調査』(一九三三年ｂ)、「社会調査概説(一)〜(七)」(一九三五年)、「社会調査の方法と技術」(一九四六年)、「社会調査」(一九四九年ａ)、「世論の報道と新聞」(一九四九年ｂ)、『社会調査の方法』(甲田和衛との共著)(一九四九年ｃ)、「社会教育の調査について」(一九五一年)などである。また、前述のようにシカゴ大学を中心とした欧米留学より帰国した翌年の年度(大正一二年四月―一三年三月)には助教授戸田貞三が講義担当科目として「救貧問題の研究」、「社会調査法」、「社会学演習」を担当していたことは注目される。

(1)　「生活調査法に就いて」

手懸かりとしてもっとも初期の論考である戸田貞三(大原社会問題研究所員文学士)「生活調査法に就いて」(一九一九年)をとりあげる。これは、もともとは一九一九年五月に大阪市で開催された救済事業・社会事業の研究会の席上の講演であった。これより前の論稿として「何故細民が出来るか」(一九一七年)があるが、それは貧乏の「原因の多くは細民自身の無知、無精、怠慢に基くと云うよりは、寧ろ貧民の手に如何とも致し難き社会経済上、或いは又生物学上の因縁に由ると見なければ説明のつかぬものである」として、戸田の現実的な生活問題、人間生活に対するヒューマニスティックで、しかも厳として社会科学的な視座が据えられていた。戸田が大原社会問題研究所員となってからの「生活調査法に就いて」のこの講演録においてもそうした視座のもとで、政策課題として大きく問題化していく社会改良事業の動きのなかで、「……生活の調査という事を先ず丁寧にやっていくという事が目下の場合に於いて最も必要な事でないかと思う」という主旨に即して述べられている。

生活調査法というのは、「……人間が生活して居る状態の有りの儘を、記録して置こうという方法である」(一九一九年、二八頁)。「然からば、其調査の必要と云う理由は何処にあるか。曰く、一つには政治の運用、社会改良の必要からである。二つには学術研究の必要からである」。そして、「学問の研究と云うものが出来ないならば学術の示す所に従って事物を処理すると云うことも出来ず、社会の改良の基本原則と云う様なものも確に知る事が出来ないのである」(同、三一―三二頁)として、一種の治療療養的なもののための社会改良事業上の調査にとどまらずに、それらは社会生活についての基礎的診断としての学術研究による基本的調査によって支えられていく必要性を説いていた。

調査方法として、①「統計法」、②「モノグラフィー」(「個別的調査法」)、③「アンケート調査法」(「調査委員会」式調査法)を挙げている。戸田はそれぞれの調査方法の長所短所を述べているが、①「統計法」の欠点について「何うも深味が足らぬ。物を深く調査する事が出来ぬ」「調査する人の手心に依って色々違いがある。確実にいかぬ」「質で現すべきものを量で現そうとすると、何しても不正確」であると指摘していた。②「モノグラフィー」(「個別的調査法」)の欠点についても「一個人一個人の生活内容を詳しく調べるというのであるから、手数がかかる」「部分部分の事の調査にすぎない」「調査するに、する側にもされる側にも人を得ることが困難」であると述べ、③「アンケート法」についても、今日われわれが理解しているアンケート法とは異なり、「英国のブリューブック(Blue Book)に出る所の調査報告」の例のように選出された関連する(専門の)調査委員会による調査方法であり、調査委員の「人の頭の中で練り上げ」たもので「実際の事実がそうであるかどうか分からない」。

それぞれの指摘が必ずしも的確とはいえない点もあるとしても、興味深い。この時点で内務省保健衛生調査会による、しかも大原社会問題研究所の所長でもあった高野岩三郎らによる「月島調査」はちょうど開始されていた時期でもあり、「モノグラフィー」法の一例として「月島調査」にも触れていたが、「生活行動の限定」として「月島調査」の「家計調査」を例示していたにすぎない。高野岩三郎らによる「月島調査」は、統計法による調査法から統計法を踏まえつつ、月島に調査所を長期に設置しての直接的・具体的観察法、標本調査法、モノグラフ法等の調査法を複合的に活用しようとしたユニークな画期的な社会踏査の試みであったが、この時点では「月島調査」はまさに進行中の企てであり、戸田はその調査全体の様子を知らないままに米国および欧州への留学の途に旅立っていった。戸田貞三のこの講演録では彼の社会調査論の構想はまだ明確ではない。

(2)　社会調査をめぐるシカゴ学派との出会い

戸田貞三は研究員として大原社会問題研究所にいた当時に母校の恩師で社会学教授の建部遯吾より「東京大学に帰る意志があるなら、留学してもらうつもりだ」といわれ、一九一九年一〇月に社会学研究のため満二カ年米国、英国及び仏国の留学を命じられ、翌一九二〇年二月に海外留学に出発し、アメリカには一年半留まり(特にシカゴには一年)、一九二二年九月に約二年半の留学を終えた帰国している。

当時戸田が出会い得たであろうシカゴ大学の社会学者としては、Albion W. Small, George Herbert Mead, Robert E. Park, Ernest W. Burgess, Ellsworth Faris などであった。第1章で特に戸田の「学究生活の思い出」を参照したが、そのなかで「一般的にいってアメリカ社会学から理論的に学んだところよりも、実際の社会現象をつかまえて深く探究してゆくという学風に大いに学ぶところがありました」。「調査方法などの理論的なものとしては、チェーピンとかリッチモンド、特に後者の書物に教えられるところが多かったと思います」と述べていた。

戸田が敢えて「教えられるところが多かった」として名前を挙げたチェーピン(F. Stuart Chapin)は、ちょうど一九二〇年に**Field Work and Social Research**を出版したばかりであった。チェーピンはコロンビア大学のギデングスの門下でこの当時は**Smith College**の経済学、社会学の教授であったが、後にミネソタ大学教授、アメリカ社会学会長なども務め、統計的方法、数量的方法、実験的方法などを駆使して社会調査論を専門にする学者であった。チェーピンの**Field Work and Social Research**, 1920で用いられている**"Three Types of Field Work"**の分類、1)**case work**, 2)**sampling**, 3)**complete enumeration**も、戸田の『社会調査』(一九三三年)で順番を逆にした形で採用されている。1)全体調査又は統計的調査法、2)部分調査又は選択調査法、3)個別調査又は事例研究法と類似しているし、その著書の構成自体もかなり似ている。

また、リッチモンド(Mary Ellen Richimonnd, 1861-1928)は、アメリカの慈善組織活動の著名な実践家、指導家、理論家でケースワークの体系化に務め、大著のSocial Diagnosis, 1917を公刊していたが、所属は**Director, Charity Organization Depatmnt, Russell Sage Foundation**であって、チェーピン同様に、シカゴ大学には在籍していなかった。戸田は『社会調査』のなかにもリッチモンド女史のこの『社会診断』を全く部分的に引用していたが、慈善活動の対象者、クライアントの問題の解明のために調査、診断、治療を広く深く進めることの必要を説き、クライアントの social evidence を 1) real evidence , 2) testimonial evidennce, 3) circumstantial evidennce などの広範な活用と手続きのもとで追求していたのである。戸田は帰国後に一年だけ「救貧問題の研究」と題する講義も担当したことがあったが、当時の彼の関心やアメリカでのそうした出会いが背景にあったとも考えられる。

それに対して戸田の社会調査論の展開では、チェーピンの調査論のように、むしろ統計資料や書類上の資料の利用を重視する調査方法論に傾いていったともいえないだろうか。さらに、戸田がシカゴに滞在していた当時に Ernest Russell Mowrer という大学院生(女性)が Family Disorganization というテーマで博士論文作成にとり組んでいたと考えられる(Mowrer のこの博士論文は、後に Family Disorganization; An Introduction to a Sociological Analysis, The Univ. of Chicago Press, 1927 として出版されている)。このテーマは戸田が帰国後に論文を書いた離婚の研究テーマと同じであったが、Mowrer は、1) statistical method, 2) case study method, をともに重視していたのに対し、戸田はもっぱら統計的方法のみに依拠して夫婦結合の強さ(離婚)を測定しようとした。

シカゴ学派の二つの調査方法の系譜、(一)フィールド・サーヴェー、社会踏査の方法(field survey, social survey)(qualitative research method)(生活史法、個人的なドキュメント、事例研究、参与観察など)、(二)

計量的(統計的)調査方法(quatitative research method)のうち、戸田がシカゴ学派との出会い、そこで学び取り、影響を受けていったのは(一)の方法ではなく、(二)の計量的統計的な研究方法の伝統であったといえるのではなかろうか。戸田の初期の研究のなかにすでに芽生えていた実証的統計的研究についての関心が、シカゴ学派のその後の動きを先取りする形でアメリカでの留学に一層触発されて統計的な調査方法を軸に彼の科学的な社会調査論が展開されていったものと考えられる。

(3)『社会調査』(一九三三年)

一九三三年の「社会調査」(一九三三年三月)、『社会調査』(一九三三年一二月)に至ると、戸田の社会調査論の構想がかなり具体化され明確にされてくる。『社会調査』は、戦前におけるまとまった社会調査論の先駆的な文献としてしばしば挙げられてきたものである。しかし、調査論の観点から内容について戸田の社会調査論の内容にまで言及されることはなかったのではなかろうか。

『社会調査』は、「生活調査法に就いて」の講演録のあとに、戸田の米国・欧州留学、帰国後の「社会調査法」の講義、家族研究を重ねながら、約一四年を経て刊行されたものである。その内容は先の戸田論文「社会調査」で明確化された調査論の基本的構想をもとにして、

第一章　社会調査論の意義
第二章　社会学と社会調査
第三章　全体調査又は統計的調査法
第四章　部分調査又は選択的調査法
第五章　個別調査法又は事例研究法
第六章　調査準備
第七章　調査整理

というかなり整序された構成になっている。

この著の「序文」には「終りに尚一言したいことは、此書の叙述に当たり有力な資料の提供を頂いた内閣統計局の諸賢並びに有力なる助言を給った社会調査協会の諸賢殊に米林富男君の御援助である」と記している。戦後の著書である『社会調査の方法』(一九四九年)が戸田貞三・甲田和衛共著になっている例に照らせば、この著も戸田・米林富男、その他の共著という性格をもっていたのではないだろうか。しかし、第二章の「社会学と社会調査」の章あたりは米林の「援助」もあったようにも思えるが、『社会調査』自体は戸田のそれまでの調査論の展開、その後の展開とも一貫しており、明らかに戸田貞三著とあるように戸田の執筆による著書である。米林富男は、この当時「アメリカ都市社会学—特にシカゴ学派の生態学的研究について—」(『社会学』第一号、一九三二年)、「アメリカにおける社会心理学の発展」(『社会学』第二号、一九三二年)、「道徳統計と社会誌学」(『統計時報』六四〇号、一九三三年)、「社会誌学と社会調査」(『社会学研究』第二輯、一九三六年)などの論文を執筆していた。

戸田によれば、社会調査は「……先ず現実に行われて居る所の(社会生活)事実を出来る限り誤りなく理解せんとする方法」であり、「人々の生活状態に関する調査である」。そして「人生は行動であり実践である」「実践は『腹』できまる」「……併し、『腹』のみあっても現実を正確に理解し、茲に実践を導き入れるには如何なる手段が最も有効であるかを明らかにしてかからねば」ならないところから社会調査の必要が説明されている。

第一章「社会調査の意義」では、「狭義」と「広義」の社会調査が区別され、社会調査の発展(歴史)が跡づけられている。「社会調査という言葉は我国においては比較的新しい用語である。この言葉は元来英語の social survey 又は social research の訳として、社会改良事業等に志す人々によって使用し始められたものである」。(狭く)目前の急を救助し、社会改良に直接に役立てるために社会改良事業の必要から試みられてきた社会調査に対して、「最近になって社会調査は社会改良事業等に直接役立つというよりは、更に科学的に行われなければならぬと主張する人々が現れ」、(広く)「一般に人々の社会生活についての調査」を試みるという意味で社会調査を指す動きに注意を向けている。「ここにこれを広狭二義に分けて考察するのが便利であり、かつ必要であると思う」と述べる。先の「生活調査法に就いて」においては、「政治の運用、社会の改良の必要」からの調査と「学術研究の必要」からの調査との、どちらかというと二者並立的な位置づけが、この『社会調査』では社会改良事業等の現実的な問題から試みられた狭義の社会調査(social survey)から、より広義の科学的な社会調査(social research)への流れとして位置づけられ、全体として後者の「広義の社会調査」という立脚点から調査方法、調査時点・区域、調査準備、予備調査などに言及している。

科学的学問としての社会学と経験社会学、社会調査活動との関連、社会学と社会調査(第二章)についても、「社会学が亦あくまで社会生活に関する経験的事実を基礎として組織せらる一個の科学である以上、かくの如き経験的事実を蒐集するにはどうしても社会調査の助けを借りる必要がある」としており、戸田は「現実に即した科学的学問」としての社会学と「経験社会学」「社会調査」との関連を適切に把握していた。また、「「経験的に確証された」社会学の体系を樹立するためにはどうしても経験社会学を基礎としなければならぬのであるが、このような経験社会学はまた社会調査によってえられた「無数の個別的研究」にもとづいてはじめて成立せしめられるのである」。

「それと同時に経験社会学を組成するには予め準備せられた概念的道具に頼らなければならぬ」。

資料3　一般社会学、特殊社会学、経験社会学、社会調査の連関

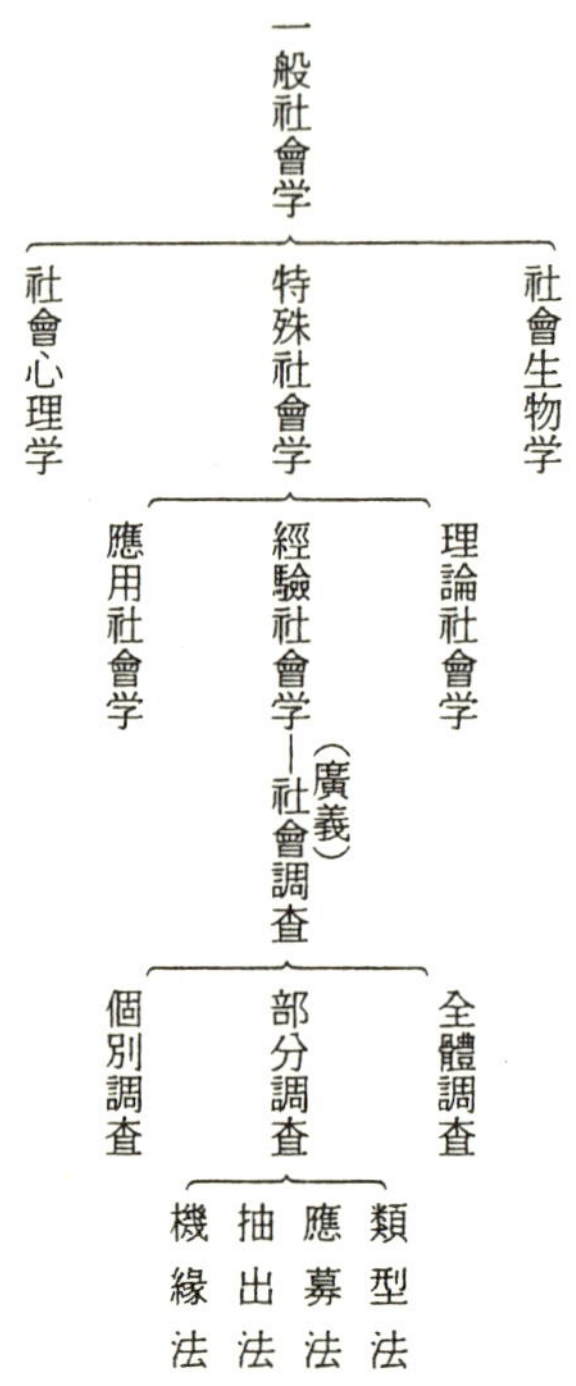

（引用）　戸田貞三『社会調査』87-88頁

「それ故にある特定の社会状態、または社会事実を鮮明闡明しようと思えば理論社会学において準備せしめられた概念体系を規準とし、それに照らし合わせて当面の問題をハッキリと握み出し、その上で種々の社会調査方法を最も有効に使用し、これらの問題を分析しなければならない」としている（**資料3**を参照）。これらは、F・テンニエスの社会学の三部構成、すなわち、理論社会学又は純粋社会学、応用社会学、経験社会学又は社会誌学の三部構成に依拠したものであり、今日の分極化する社会学や社会調査論の動きに照らしても注目される。

次いで、第三章は「全体調査又は統計的調査法」、第四章「部分調査又は選択調査法」、第五章「個別調査又は事例研究法」にあてられている。具体的には、第三章では、全体調査の意義、国勢調査、そして出生・死亡・婚姻・離別・異動など人口動態調査、第四章では sampling methods として、(一)類型法(例・保健衛生調査会による調査、東京帝大文学部社会学研究室による家族調査など)、(二)応募法(例・高野岩三郎の家計調査)、(三)抽出法(簡易統計法)(例・大正九年の第一回国勢調査の千分の一抽出による集計分析、戸田は主としてこうした抽出法による統計資料を活用して家族研究を展開した)、(四)機縁法(例・医者や学校教師などが職務の関係で接触し易い機縁を利用して、部分選択的に調査する方法)を扱い、第五章の「個別的調査法」では、一個一個の観察単位について極めて詳しい記述的調査をなすことを目的とするものであるが、この方法は主として社会改良事業家によって開拓された調査法であるとして、直接調査を行う臨床的方法、シカゴ学派の事例に触れて「生活史的方法」を明らかにしてW・I・トマスとF・ズナニエッキー『欧・米におけるポーランド農民』、C・ショウの『不良少年の研究』、スラッシャーの『ギャング』、M・E・リッチモンド女史の研究(『社会診断』)、本人個別調査、そしてサーストン法及びアンケート法などの新たな調査動向を挙げて紹介していた。全体的な統計調査法、部分的・選択的調査法、個別的事例研究法のそれぞれの調査法の意義、重要性を確認しつつも、先の「生活調査法に就いて」に比して、戸田のこの『社会調査』では全体的な統計調査法、部分的選択的調査法の重視へと明らかに傾斜している動きを読みとることができる。第六章「調査準備」、第七章「調査整理」が素朴な形ながら加えられているのは注目されてよい。戸田の大学卒論以来の生涯の中心的な研究テーマであった家族研究も、このような実証的な研究方法の模索、社会調査論の展開とが並行して、交錯して試みられていったところに大きな特徴があったといえる。

「敗戦の苦い経験がもたらした貴重な教訓のひとつは、単にその場限りの着想や、徒に抽象的な議論をもって、科学を語り国策を論ずることが、いかに重大な禍いを招くものであるか、という点に存するであろう」という「刊行のことば」を冒頭にして終戦直後に公刊された民族文化調査会編『社会調査の理論と実際』(一九四八年)に戸田貞三も「社会調査」という一章を寄せている。「現実を構成している人々の生活態度とかかる態度によって組立られている人間関係とを正確に把握しなければ現実の科学的研究も困難であり、国民の為にする民主政治も着実に行われ難い」とした、戸田のかなり一貫した基本的視点からの啓蒙的な論稿である。この『社会調査の理論と実際』には戸田論文の他に、鈴木榮太郎、有賀喜左衞門、小山隆、池上広正・赤司道雄、吉田基二、藤林敬三、植松正、海後宗臣、岸本英夫、井上修次、阿閉吉男などの諸論が載せられており貴重な文献でもある。

戸田貞三・甲田和衛著『社会調査の方法』(一九四九年)は、当時の各種の実態調査、社会調査への関心もあって版を重ねて広く読まれたものと思われる。戸田は「昭和八年秋『社会調査』と題する小著を活字にして世の叱正を乞うた。昭和八年後の日本は実にあわあだしい日本で、社会調査などに耳を傾ける人々は少なかった。しかし終戦後はすべての事柄は科学的な正確な根拠に基づいて処理されなければならないという主張が強くなり、従って種々の事柄について正確な調査が重んぜられ、社会調査も次第に重要視せられるようになった」(「序」、二―三頁)と述べている。また、「目下社会調査の方法としては、全体調査も個別調査(ケースメソッド)も共に細かく研究せられつつあるが、方法上最も重視せられているものは見本調査(標本調査・部分調査)である」としているところは、戸田によって前著『社会調査』において示唆され広義の科学的な調査に方向づけられていたものであり、戦後の社会調査の方法を具体化していく動きでもあった。

この『社会調査の方法』の構成は、前著『社会調査』のうち、「第二章　社会学と社会調査」を欠いている外は著書の構成は全く同じであるが、調査方法等の名称を少し言い換えて「第一章　社会調査の意義、第二章　全体調査または大量観察法、第三章　部分調査または標本調査法、第四章　個別調査または事例研究法、第五章　調査準備、第六章　調査整理」の六章構成になっている。特に第三章の標本調査法(有意抽出法、無作為抽出法、世論調査)については、サンプリング方法の著しい発達を受けて当時国立世論調査所に勤務していた甲田和衛の執筆によるところが大きかったと思われる。

(4)　戸田貞三の社会調査論の特徴

戸田の調査論に関する論稿は、先にみた文献以外にもあるが、すでに検討してきたところからも明らかなように、『社会調査』（一九三三年）において戸田の調査論の特徴がもっともよく示されている。

特徴を箇条的に書けば、以下の四点に要約できるかと考える。

(i)　科学的学問としての社会学と経験社会学、社会調査活動とを相互関連的なものとして位置づけようとしていたことを指摘しておかなければならない。近代日本の社会学の歩みと当時の歴史的状況のなかで、講壇社会学や単なる輸入移入学問に終わることなく、「あくまで社会生活に関する経験的事実を基礎として組織せらる一個の科学」としての社会学の樹立を意図するところから、経験社会学や社会調査活動の重要性を強く指摘していたことは特筆されるべきであろう。

(ii)　理論構成、仮説構成と社会調査との関連についても、極めて適切に把握していたことは注目される。経験社会学は「社会調査によって与えられた「無数の個別的研究」によってはじめて成立」するものであり、経験社会学を組成するには「予め準備せられた概念的道具」に頼らなければならないし、「理論社会学または純粋社会学はこのような概念的準備を施すことをその課題としている」という認識であった。

(iii)　「狭義」の社会調査と「広義」の社会調査という区別を導入したこと。この区別は終戦後の甲田和衛との共著『社会調査の方法』（一九四九年）においても踏襲されている。「一般に人々の社会生活についての調査」を指す「広義」の社会調査と「社会改良事業等に直接役立つ」ための「狭義」の社会調査の区別は、戸田の調査論の展開においては特に決定的なものであり、近代日本の社会調査史、観察史のうえでも注目される。

(iv)　さらに、「全体調査又は統計的調査法」、「部分調査法又は選択調査法」(標本調査)、「個別調査又は事例研究法」という調査方法上の考察をかなり詳しく試みていたこと。しかも、「広義」の科学的な社会調査の展開という動きにてらせば、「全体調査」(統計的調査法)、「部分調査」(標本調査)の方法を重視する方向に傾いていったとみることができる。

以上のような特徴をもつ調査論を展開した戸田の試みは近代日本社会学史上極めて画期的なものであったが、いくつかの問題点をも内包していた。第一には、(a)科学的学問としての社会学と経験社会学、社会調査活動との関係、(b)理論構成、仮説構成と社会調査との相互関連や相互媒介の重要性をめぐる指摘は当時としては新鮮であり特筆されるべきことであったとしても、戸田の社会調査論の展開は、全体として特に調査方法論に傾斜している。このことは『社会調査』、そして「社会学と社会調査」の章が省かれた『社会調査の方法』の目次構成にも如実に現れているともいえる。(a)科学的学問としての社会学との関連、(b)の理論構成や仮説構成との関連で、社会調査や調査方法論等を展開する試みが深められているとはいえない。

第二には、特に『社会調査』以降には、「狭義」と「広義」の社会調査の区別が明らかにされ、「最近になって」「科学的に行われなければならぬという主張」する人々に呼応する形で戸田も「広義」の立場から自らの調査論を展開していったと跡づけることができる。だが、戸田が述べているような意味で「社会改良事業等に直接役立つ」調査がなぜ「狭義」なのか、「一般に人々の社会生活についての調査」がなぜ「広義」の調査になるのかの論拠は必ずしも明確であるとはいい難い。従って、「広義」の社会調査論の視点から、国勢調査や世論調査などの恒常的な実施によって、「通常絶えず記録せられている材料を用いて間接的かつ大量的に事象の変遷を調査することも不可能ではない」調査環境ができつつあった状況にあっては、調査方法に関しても「個別調査法又は事例研究法」よりも統計調査や部分・標本調査の方法を重視していく方向へ傾いていったとも了解し得る。にもかかわらず、「狭義」と「広義」の調査の関連、その序列化、そして全体調査、部分調査、個別調査との方法論の関連が充分に考察されないままに、戸田の調査活動や家族を中心とした社会学研究が試みられていったといえる。

第三の問題点として挙げられるのは、わが国においてすでに大正初年より試みられていた社会調査方法論の生成に殆ど眼を向けていないことである。高野岩三郎、藤本幸太郎、山崎覚次郎、米田庄太郎、福谷益三、山口正、三好豊太郎などの調査方法論の論稿に言及していない（川合、一九八〇年、四八―四九頁)。なぜ、自らの足もとで繰り広げられつつあった調査方法論の動きに注意を向けなかったのであろうか。

第四に、同じようなことだが、戸田の場合にわが国における社会調査史的考察が極めて不充分なことである。『社会調査』の第一章第二節「社会調査の発展」(二〇―四〇頁)では、欧米、特にブースやローントリーの調査やシカゴの諸調査を初めイギリスやアメリカでの社会調査の実際を詳しく紹介している。みずからのシカゴ大学での留学経験を反映してかシカゴ大学の社会科学調査会館(The Social Science Research Building)などについても「現在アメリカ社会学の中心をなすシカゴ大学はまた一方において同国の社会調査の参謀本部のような景観を呈している」、「尚その上シカゴ大学の指導者達の指導する殆どすべての調査は陳腐な記録的資料を漁ってその中から新しい結論を絞り出そうとするよりもむしろ直接野外から新鮮な材料を収集してくることを目的としている」などと約一〇頁をも費やして活き活きと紹介している。

ところが、わが国の「社会調査の発展」については、**資料4**にみるようにその記述は一頁にも満たず、わずかに九行を割いているのみである。しかも、「これらの調査は概ね狭義の社会調査即ち救貧問題、都市財政問題、農村救助問題等の如き社会的不安又は弊害と直接結びついた対処療法的調査に属し、アメリカの如き原因療法的な広義の社会調査には何等見るべきものがない」と手厳しい。

わが国の社会調査についての歴史的考察が充分になさていないにもかかわらず一刀両断に一方的な偏った評価というべきであろう（川合編、一九八九年、一九九一年、一九九四年）。

資料4　戸田によるわが国の「社会調査の発展」についての記述

我國において近代的意味の社會調査が行はれはじめたのは資本主義の漸く爛熟せる明治三十年頃以後である。即ち横山源之助氏が東京の細民地區の生活状況を調査して明治三十一年（ママ）に「日本之下層社會」なる著書を刊行したのが恐らく最初であらうと思はれる。その後高野岩三郎博士が大正五年に東京における二十職工について近代的な家計調査を行ひ、生計調査の端緒を開かれた。また内閣統計局その他の官廳における調査機関以外、民間においても市勢調査會協調會等が設立せられて近代的社會生活に關する幾多の貴重なる実地調査が試みられるやうになつた。併し乍ら、これらの調査は概ね狭義の社會調査即ち救貧問題、都市財政問題、農村救助問題等の如き社會的不安又は弊害と直接結びついた對症療法的調査に属し、アメリカの如き原因療法的な廣義の社會調査には何等見るべきものがない。

（戸田貞三『社会調査』三九—四〇頁）

第3章　知的遺産の批判的継承と現代社会学の地平

欧米留学時の戸田貞三
（戸田千代さん所蔵）

戸田貞三は、自らの内在的な研究関心を基軸にして社会学をめぐる知的遺産の批判的継承を果敢に試みながら自らの研究姿勢を貫き「日本に於ける家の制度発達の研究」を始め『家族構成』に至る研究成果をものにしていった。しかし、一九三一(昭和六)年に満州事変が起こり、「一五年戦争」に突入していく発端となり次第に戦時化を色濃くしていくなかで戸田の研究の小状況(活躍舞台)もそれをとりまく外在的なより大きな時代状況、社会状況と戦時動員体制という歴史的な大状況に組み込まれていった。

1　「日本社会学会を中心として」(一九四一年)

現在の日本社会学会の創立が「日本社会学院」の後を継いで、正確には並立交錯しながら一九二四年(五月)になされたことについては、すでに第1章で触れた。下出隼吉、藤原勘治、林恵海、松本潤一郎、今井時郎、戸田貞三などが中心となり設立されたものであった。一九四〇年一〇月二六・二七・二八日の三日間にわたって東京帝国大学で開催された日本社会学会主催の「紀元二千六百年記念臨時大会」での公開講演で、建部遯吾「社会学講座の創成」、米田庄太郎「我国社会学者の今日の急務」、遠藤隆吉「社会学の学的及び社会的実現」、高田保馬「「社会学原理」の前後」とともに、戸田も「日本社会学会を中心として」と題して記念講演をしている(いずれも『年報社会学』第八輯、一九四一年に所収)。

日本社会学会が成立致しましたのは、関東大震災の後であります。その当時社会学会を作ることに就きましては故下出隼吉君などが種々斡旋せられ、同学の諸氏の間に色々意見の交換があって、震災前から多少芽生えかけていた学会が、いよいよ大正一三年に入って日本社会学会として成立したのであります。学会が成立した当時は社会学に関心を持っている人々は相当あったのでありますが、社会学の研究に従事している人は余り多くなかったのであります。それ故に現在日本社会学会が重要な行事として行っていますす研究報告大会の如きものは到底之を開くことが出来なかったのであります。学会は先ず最初の仕事として月刊雑誌を発行し、之に社会学に関係のある諸氏の論文、解説等を載せて、社会学の普及に務め、社会学の研究を促すことに務めたのであります(中略)。

そこでこの研究報告会を開くことに就いての準備を進めまして、大正一四年に第一回の研究報告会を開いたのであります。この研究報告会はその後年々つづけられて今日に及んでいるのでありますが、その内容及びその傾向は、日本社会学会の従来の経路を最もよく示していると考えられますので、ここに主としてこの研究報告会を中心として、日本社会学会の発展過程を尋ねて見たいと思います。（戸田、一九四一年、六六―六七頁）

ここでは戸田は第一四回までの創立以来約二〇年間ほどの日本社会学会の歩みを振り返り、時局とともに社会学が「国民の現実生活から遊離したもの」、「国民生活の向上」に十分な効果をもたらすのかなどの批評や批判も聞かれるようになり、「かように考えて来ますと日本社会学会が今後進むべき道は自ら明らかであると思います。即ち我々は従来研究せられた学問に就いて更に究明すべき点を明瞭に捕らえて之を深く研究して行くとともに、これ等の問題の究明が国民生活の如何なる方面に如何なる効果をもたらすであろうかを念頭に置きつつ研究を進めるべきであると思います」（同、七七頁）とのべていた。学問研究が、集団の研究にしろ、家族研究にしろ、また民族の研究にしろ、現実の国民生活や国家社会の動向に著しく制約されていった。

戸田が自らその設立に大きくかかわり中心的存在であった日本社会学会の大会の共通研究テーマの変遷などをみてもそうした時代状況が如実に示されていた。例えば、第一回（一九二五年）・「階級」、第二回（一九二六年）・「家族」、第三回（一九二七年）・「犯罪」、第四回（一九二八年）・「方法論」（「社会学研究法」）、第五回（一九二九年）・「都市」であったが、その後は次第に研究テーマ部門も増えていく一方で、それらの中に「民族及び階級」（一九三六年）、「家族及び民族」、「殖民社会」（一九三九年）、「家族・民族・国家」（一九四〇年、紀元二千六百年記念臨時大会）、「東亜社会及び文化」（一九四〇年）、「東亜諸民族の性格」（一九四三年）などもかかげられるようになっていった。大会の開催自体も一九四〇年の大会は外地の台北帝国大学、一九四三年は京城帝国大学で開かれており、日本社会学会にみる学問活動が帝国主義的な国家体制という大きな状況と渦のもとで繰り広げられつつあったといえる。

日本社会学会の機関雑誌も『社会学雑誌』が創刊されてスタートしたが、戦時体制化のなかでいくつもの変転・変遷を辿っていった。月刊の『社会学雑誌』（一九二四―三〇年）、『季刊社会学』（一九三一―三二年）の後に刊行された『年報社会学』（一九三三―四三年）の第一輯の「発刊の辞」には、「ここに新しく始められるものは最早体裁のため権威のための、即ち機関誌のための機関誌ではない。いまや外、社会学はその危機或いは転向の機にあり、これと相伴って内、学会は明るき白昼の光に向かってその窓を開け放たなければならぬ」（**資料5**を参照）として、大きな歴史的なうねりに巻き込まれ、半ば学究の徒自らがそのうねりを担っていくことになる。学校も、地域も、職場も、研究団体等も、そうしたうねりに方向づけられていった。ひとりの人間としての戸田貞三の場合もそうしたうねりの外にあって抗することは難しく、国家的な、世界史的な、集合的な渦に晒され巻き込まれていっ

資料5 日本社会学会編『年報社会学』第一輯 一九三三年(「理論と実践」)

発刊の辭

我が學會機關誌は、大正十三年創刊「社會學雜誌」より昭和六年改題「季刊社會學」を經て、いま「社會學年報」としてここに再度その出發を新たにする。ここに新しく始められるものは最早體裁のため權威のための、即ち機關誌のための機關誌ではない。いまや外、社會學はその危機或ひは轉向の機にあり、これと相伴つて内、學會は明るき白晝の光に向つてその窓を開け放たなければならぬ。然も學會機關誌を取卷くこの内外の情況的變化は、事實同一の歷史的必然性のもとに立つてゐる。而してこの歷史的必然性はまたこの機關誌に對して新しきその課題を與へる。このときに當つて依然たる刊行動機の單なる名目主義、編輯方針の傳統的なるアカデミー主義は、まさにこの新しき課題の遂行を阻むものである。我々の社會學年報は從來の機關誌の概念をみづから止揚することによつて、即ちみづから生變ることによつてのみ、内、閉ざされたる學會の空氣に新鮮なる時代の外光を導き入れるとともに、外、漸く冷却せる世上の社會學的關心に對して新しき火を點ずることを得ると信ずる。この年報は「學會の機關誌」であり、然も同時に學會の開かれたる發展の道への道しるべでなければならない。それは危機に頻せる社會學の現狀に促がされて生じた時代的產物であり、然も同時にこの社會學の現狀を打開せんとする者にとつての「導きの星」であらねばならぬ。かくて我々の任務は極めて重い。幸に會員並びに讀者諸彥の有力なる支持を得てその健なる發展を前途に期待し得んことを願ふ所以である。(編輯部)

たといえるだろう。

学問的活動自体が困難を極めた戦時体制下における戸田の学問的な足跡を辿ることは難しい。いくつか残されている戸田の著者名で活字化された文献資料を手懸かりにしてそれらの一端を知り考えてみるという方法である。しかし、さまざまな制限下でわずかに残されている文献資料そのものが著者の真意を確かに伝えているのかどうかも疑わしい。

2　植民地視察と翼賛体制

戸田は、大正期の約二年半の海外留学に加えて一九二九(昭和四)年八月に台湾に約一カ月、満州国建国宣言のなされた同じ時期の一九三二(昭和七)年三月に満州に約一カ月、一九四四年三月に満州及び中華民国に約一カ月の植民地視察、調査研究に出ている。また、先に触れた一九四〇年の台北帝国大学、一九四三年の朝鮮、京城帝国大学での日本社会学会大会の折りにも出張している。それらの際の戸田による「台湾の人と社会」(一九二九年)、「満州国はどんな人々を求めるか」(一九三二年)、「満州の社会」(一九三三年)などの植民地視察記、記事が残されている。

台湾視察にしろ、満州視察にしろごく限られた約一カ月程の短期の視察旅行であったろうが、当時の台湾、満州が日本の植民地としておかれていた状況を見据えた考察、社会観察というよりも、全くの平板な視察旅行記に終わっており、「台湾人の社会生活は其家族生活の如きに於いてすら著しく打算的目的的であり、感情的要求に基づく合一化は社会生活の表面に殆どあらわれて居らぬ様に観える」(「台湾の人と社会」『社会学雑誌』第六八号、一九二九年、二二頁)、満州について満州人と内地人の比較から(満州人の)「……物に対する要求が社会生活に於いて第一義的なものとなり、社会生活上重要視すべき人情とか愛情とか人に対する所の信頼心、お互いに相手方を信頼する人を頼ると云うような心持ちはややもすれば稀薄となるのではないでしょうか」(「満州の社会」『講演』第二二七輯、一九三三頁、八頁)と、予め抱いている台湾像、満州像があって、台湾についても満州についてもほぼ同じような印象を記すにとどまっている。

「満州国はどんな人々を求めるか」(一九三二年)についても、新満州国の創業(建国)に携わることは「如何にも人間らしい快心事であろう。しかしこれに携わる為には建国の精神をよく理解し、その他の生活形式を理解しかつ之に堪え得る人々でなくてはならぬ」(『帝国大学新聞』第四四三号、一九三二年)として当時の多くの人々と歩をともにして帝国主義的軌跡を辿っていったのであろうか。そこには異なる生活世界で住む人々との新たな出会い、多様に異なって生きる人々の生き方についての驚きや発見、自らの生活世界を相対化し再発見していく視座が乏しい。

そして、主著『家族構成』(一九三七年)が公刊された前後よりして、戸田が問題構成し研究目的としていた事実上の、現在行われているわが国の家族の集団的特質を解明するという意図とはかけ離れていく言動がみられるし、学問的な研究意図が遂行され難い「時局」に晒されていく。「日本の家族はヨーロッパ、アメリカの家族と著しく異なっている。……一度出来た家族は永遠に存続する、続いて行くということに重点を置いて作られる家族」であり、「極めて親愛の情を以て形造られて居る所の家族という団体生活を受継いで」「住居と云うことだけでなしに、精神内容を等しくする」(戸田「社会生活」一九三七年、三六—三七頁)といったように、かって試みられた事実や実態からの観察実証の姿勢からやや離れていく主張、一方的な特殊化の試みが強調されていく。

戦時動員体制がいよいよ強化されて、一九四〇年に経済新体制(統制会)、勤労新体制(大日本産業報国会)、高度国防国家建設などを旗印にして「大政翼賛会」が設立されて、そのもとで「大政翼賛会調査委員会」が設置された際には、戸田も委員となり「第三委員会」(大東亜共栄圏の建設に関する事項)、「第十委員会」(人口問題、労務、海外拓殖並びに移植民に関する事項)に名を連ねていた(『大政翼賛運動資料集成』第一〇巻、一九八八年)。さらに一九四二年に改組された「大政翼賛会調査会」にも「第五委員会、翼賛文化体制ノ建設ニ関スル事項」にやはり委員として参画してその「日本文化ノ確立ニ関スル具体策」の調査題目のもとで、戸田は中心となって「家ニ関スル調査報告書」の起草に加わり一九四三年八月に報告上申していた(『資料日本現代史』(12)、一九八四年、五六七―五八〇頁)。この過程で戸田貞三の名で公刊されたのが、戸田の家族研究の後期(第四期)に位置する『家の道』(一九四二年)、『家と家族制度』(一九四四年)であった。

『家と家族制度』の「はしがき」には次のように記されていた。「大政翼賛会調査会第五委員会では昭和一八年度に於いて、委員長下村宏氏の下に我が国の文化政策に関する問題を調査することになった。而してこの委員会は更に三つの委員会に分れ、その中第一委員会は松本学氏を委員長として、我が国の「家」に関する問題を研究することとすることになった。我が国民の生活様式の中で最も強い特色をもっているものの一つは「家」の生活である。この「家」の生活を向上発展せしめることによって、長期戦に不可欠である戦力増強に資することも出来、又戦後生ずる惧のある思想動揺を或る程度防止することも出来る」、「それ故にここには家の機能に重点を置き、それと国家との関係を述べることに意を用いた」と記していた。『家族構成』にみられた戸田の研究姿勢とは大きく異なるものであった。

また、戸田の社会調査論、調査活動のなかでこれまでとりあげられることも少なかったが、文部省社会教育局『壮丁思想調査概況』(一九四〇年)や日本放送協会『国民生活時間調査』(一九四一―四二年)などに戸田がかかわったのは、同様にこの戦時期であった。文部省社会教育局『壮丁思想調査概況』は「支那事変に於ける壮丁の思想傾向を窺い、以て青年教育上の参考に資せん」として一〇項目の設問を試みたもので、戦後実施される「国民性」調査に半ば引き継がれていった調査である。日本放送協会『国民生活時間調査』は、今日も継続されているＮＨＫの『国民生活時間調査』の出発点となったもので、いわば原型であった。

戸田の家族研究を中心にした彼の後期（第四期）の研究姿勢は、彼の特徴でもある実証科学的な研究姿勢の後退という印象を受ける。それは、なによりも実地に学ぶ社会観察の機会や資料収集の機会が大きく制限されていったことと、当時の戸田の社会調査の手法が『社会調査』の用意があったにもかかわらず仮説検証型の調査、しかも統計的解明へと傾いていったこと、自らの観察力・調査力を培う試みが乏しくなっていったことが反映していたのかもしれない。社会学界の重鎮、権威ある家族社会学者として国策の緊急な政策策定へと動員され参画していくことになったことも彼の学問的な研究姿勢を後退させていく要因になったのかもしれない。さらには、近代日本の社会学の生成そのものが、「市民社会の自己意識」や自律した科学的な学問というところから成立してきたというよりも、他の諸科学と同様に当初から国民国家建設に積極的に動員され支えられ促される傾向が強く、国家学化していく色彩をもっていたという根深い背景があったのかもしれない。

3　公民科教科書と戦後の教育行政・改革とのかかわり

戸田貞三は、社会学の研究に精力的に従事し日本社会学会の中心にあって活躍する一方で、戦前・戦後を通じて東京帝国大学内外の教育活動や教育行政等にも深く関わっていくようになっていった。文部省検定の国定の公民科の教科書執筆や教育制度刷新、教育制度改革等の委員会や審議会等、文部省視学委員、高等試験臨時委員等に加わったり、東京帝国大学文学部長、東洋文化研究所長等に就任するなど広く活躍している。後者の活躍についてもこれまではあまり注目されたり研究されることはすくなかったといえる。

東京帝国大学教授戸田貞三著『現代中学公民教科書』(上・下巻、一九三一年)、『現代中学公民教科書』(上・下巻、一九三二年修正発行)、『新制中学公民教科書』(上・下巻、一九三七年、一九四三年、修正四版)、『新制女子公民教科書』(上・下巻、一九三七年、一九四三年、修正四版)、戸田貞三編『高校　社会科概説―われわれの社会生活の基本的諸問題―』(上・下巻、一九五一年)などは、戸田が教科書執筆に関係したものである。これらは、特に戦前・戦中期においてはいずれも国定の教科書であったから、国の定めた「教授要目」に基本的に従って執筆されたもので、公民科に関しては主に社会学者等が執筆を促され動員されていったものと思われる。高田保馬などにも、文学博士高田保馬・法学博士森口繁治共著『中等新公民教科書』(上・下巻、一九三二年修正再版)なども発見されるのである。

戦時下の時局においては学校教育の教科書ですら軍国主義体制に添って「公民科」が必要とされ頻繁に修正・新制・強化されていったことがうかがえる。例えば、『現代中学公民教科書』(一九三一年)の目次は、上巻・第一編　家庭生活、第二編　社会生活、第三編　経済生活、第四編　地方自治、下巻・第一編　国家統治、第二編　国防と外交、第三編　国勢の伸張、第四編　社会の進歩であったが、『現代中学公民教科書』(一九三二修正発行)の目次では**表4**の左側に示されたような構成となっていた。それが、『新制中学公民教科書』(上・下巻、一九四三年、修正四版)では、表4の右側に示されているように、上・下巻ともに大きく様態が改編されていった。

一九三一、一九三二年当初の教科書では第一章、第二章にまず家族生活や社会生活、人と社会や我が家をおいた入り方をしていたものの、当初から国と家との密接な関係、国体、公民道徳等が重視されていたが、一九四三年修正四版では第一章に「我が国」を置き、第二章「我が家」を配置し、「我等国民は我が大君の赤子であり、公民《おおみたから》である。」「随って我等の心身はこれ我等のものではなく、我が大君へ捧げまつった天皇の大御宝である」という視点から「一君万民」「一国一家」「一族同胞」の国家を強調し「国体の宣揚」「祖国の大業」を使命とする構成に大きく改編されていった。

戸田は『日本社会学院年報』(一九二〇年)に「米国に於いて社会学及び社会問題を中等学校の生徒に

表4　戦時下における中学公民教科書の修正変化

『現代中学公民教科書』(1932 修正発行)	『新制中学公民教科書』(1943 修正4版)
上 巻	上 巻
第1章　人と社会	第1章　我が国(第1節 我が国、第2節 我が大君、第3節 我等御民)
第2章　我が家	第2章　我が家
第3章　一家の生計	第3章　我が郷土(1)
第4章　職業	第4章　我が郷土(2)
第5章　教育	第5章　我が国體
第6章　神社	第6章　国憲と国法
第7章　宗教	第7章　帝国議会
第8章　公安	第8章　政府　枢密顧問
第9章　地方自治	第9章　裁判所
第10章　市町村	第10章　国政の運用と我等の責務
第11章　府県	
第12章　農村と都市	
第13章　産業	
第14章　貨幣及び金融	
第15章　交通	
下 巻	下 巻
第1章　国家	第1章　国民生活
第2章　皇室と臣民	第2章　職業
第3章　立憲政治	第3章　国民経済
第4章　帝国議会	第4章　産業
第5章　国務大臣枢密顧問	第5章　流通
第6章　行政官庁	第6章　財政
第7章　国法	第7章　海外発展
第8章　裁判所	第8章　国民文化
第9章　国防	第9章　国防と外交
第10章　国交	第10章　我が国の使命(第1節 世界における我が国の地位、第2節 我が国の使命、第3節 我が国の覚悟)
第11章　財政	
第12章　我が国の産業	
第13章　人口と国土	
第14章　社会改善	
第15章　世界と日本	

教授する事に関する従来の経過」と題する論文を寄せている。これは、当時の日本社会学院、特に建部遯吾の要請にもとづいて、戸田がアメリカ留学中に調査して報告したものである。「米国の社会では与論尊重という事が国民の Motto となって居る故米国民として最も大切なる事は健全なる与論を絶えず引き起して置くという事が理想」となっており、「此の様な与論を喚び起こすには国民の間に社会其の物に関する科学的知識」「社会学的知識」が必要とされており、米国では「社会学の必要が益々普通学を修める学校に於いて高調せられている事がわかる」という経緯を報告して、事情が異なるが、「日本に於いても与論勢力が漸次強くなり、且つ社会問題のやかましい今日に於いては Higher common sense として国民がもう少し社会学的知識に親しむ必要があるのでなかろうか」と述べていた。

日本社会学院の第二大会（一九一四年一一月）には「国民思想動揺の原因」、第四大会（一九一六年一〇月）には「戦後教育の根本方針」、そして第八大会（一九二〇年一一月）は研究報告「教政問題」を設定して教育問題をとりあげていたし、それより以前から「日本社会学院調査部」をおいて『現代社会問題研究』叢書（全二五巻）（一九二〇―一九二七年）を次々と刊行していった。また、戸田貞三が中心となっていた日本社会学会は、一九二九年一〇月に開かれた日本社会学会第五回大会において文部省より学会に諮問された「中等諸学校ニ於テ社会生活ニ関スル教育ヲ一層徹底セシムル方案如何」をめぐって常務理事の戸田貞三が協議事項を説明して、綿貫哲雄「公民科ニ於ケル社会学」、阿部重孝「公民教育ノ内容ニ関スル問題」、佐藤禮云「公民教育ノ意義」などの講演がなされて答申案と建議案が学会総会に於いて可決され、文部省に伝達されたのであった(下出隼吉、一九三一年、一五四頁)。学会の機関雑誌『季刊社会学』の第一輯(一九三一年)は「公民科の問題」を特集しており、蔵内数太、木村正義、佐々木秀一、大島正徳、高田保馬、綿貫哲雄、清水澄、高橋清吾、松本潤一郎、矢吹慶輝、小野秀雄、船越源一、下出隼吉などが執筆している。

「修身及公民科ハ教育ニ関スル勅語ノ趣旨ニ基キテ道徳上ノ思想及情操ヲ涵養シ時代ノ趨勢ニ鑑ミテ国民生活ニ必須ナル心得ヲ授ケ実践躬行ヲ勧奨スルヲ要旨」とするという観点から、わが国で公民教育を標榜して行われるようになったのは、一九二〇(大正九)年制定の実業補習学校規定が始まりであり、一九二六年に青年訓練所、一九三〇年の改正規定により更に実業学校に、そして一九三一年四月より施行の改正規定に基づいて師範学校、中等学校にもそれぞれ公民科が設けられていったのであった(船越源一「公民教育及公民教育の我が国の教育制度上に於ける沿革」、一九三一年、下出隼吉「歴史的に観たる本邦に於ける社会学と公民教育との関係」一九三一年)。したがって、戸田の公民教育や公民教科書執筆等との関わりは、ひとり戸田だけのものというよりは特に大正期以降の与論勢力の台頭、多くの社会問題の出現、普通選挙や司法へのかかわり、公民道徳や国民生活の重視等々の諸要因が背後にあって、更に日本社会学院、その後の日本社会学会などの学会組織も大きく関与していく動向のもとで繰り広げられたものといえよう。そして東京帝国大学教授として多くの卒業生を文部官僚に送り出し、阿部重孝などのように東京帝国大学文学部のなかに同僚として仲間として教育学者達が多くいたことも作用していたのではなかろうか。戸田『家の道』(文部省戦時家庭教育指導要綱解説)(一九四二年)などもそうした背景のもとで公刊されたものと思われる。しかし、一九二〇年の論文で報告指摘していたような社会学や科学的知識としての社会学的知識、公民教育が、国民の間にはたしてさまざまな与論を引き起こす動きや大きな力になっていったのかどうかは、あらためて問われなければならないだろう。

戸田貞三の公民科教育や教育改革、教育行政との関わりについては、特に社会学や教育社会学の側面からはこれまで十分に研究されてこなかったが、主に教育学や教育史の面から終戦後の六・三・三・四制学校制度成立の経緯や教師養成制度改革等をめぐって戸田貞三の関わりや役割についての研究が試みられてきた(赤塚康雄「戦前教育改革案を戦後につなぐもの—戸田貞三の位置と役割」赤塚、一九七八年、黒沢英典、一九九四年)。黒沢は「戸田貞三文書」(戸田貞三文書戦後教育制度改革に関する文書)の所在を明らかにして、戦後の教育改革の源流を探り「敗戦直後の公民科から社会科教育成立の経緯」を考察している(黒沢『戦後教育の源流』一九九四年、一〇〇—一〇六頁、稲田伊之助編『古賀米吉伝』一九八七年)。日本社会学院や日本社会学会がかかわっていたこうした公民教育をめぐる歴史的な背景を含めて市民社会の新たな考察を深めるうえでも、社会学や教育社会学の側面からこれらの問題を再検討しておくことが必要ではなかろうか。

4　知的遺産の批判的継承

戸田貞三は、家族研究における家族社会学者、実証的な社会学者として、理論社会学の高田保馬、家族や生活研究での有賀喜左衞門らとならんで、国際的にも誇り得る近代日本の社会学者である。東京帝国大学の社会学教授として日本の社会学界・社会学会の中枢に長く存在し続けたが故に、しばしば戸田に言及することが多かったとしても、これまでは戸田の家族社会学や社会調査論の生涯にわたる足跡として深く再検討する試みは乏しかったといえるだろう。戸田についてだけではなくわが国の学問的土壌、社会学界の学問的土壌のもとで先人の営み・学問的営みを批判的に継承しながら、また新たに学問活動を創り出していくという志向が乏しかったのではなかろうか。次々と諸外国で新たに繰り広げられる先端の学問動向をひたすら追い求め続ける傾向が強かったように思える。その時々でみると活動が隆盛の感がないでもないが、そのために根元でそれらを支える肥沃な豊かな学問的土壌を培うことがなかなか難しかったともいえる。

本書では、特に戸田の(一)家族研究、(二)社会調査論、(三)「日本社会学会」の設立、組織化、運営、(四)公民科教科書と戦後の教育行政とのかかわり、などに焦点をあてて、なかでも戸田貞三の家族研究・実証的社会学の軌跡を考察してきた。戸田の学問活動の出発点になったのは、彼の卒業論文でもあった「日本に於ける家の制度発達の研究」であったが、家族制度をめぐって「勢の赴く所を知らんとせば必ずや従来変遷の由来を尋むるを要す　若し従来の進動の形跡を顧みずして論断せんとせば仮令其の断定が適中せりとするもそは一種の意見にして科学的立論にあらず科学的研究としては事実を基礎とせずんば何等の価値なし是勢いの究明に事実研究の重要なる所以なり」として家族研究を開始していったのである。「有力なる学者諸先輩により論ぜられ」てきたものに対する戸田の批判的姿勢は鋭い。「論断」や「断定」は「科学的立場にあらず」として、「事実を基礎」とする科学的研究の必要を説いている。この批判は、その当時学界の重鎮でもあった有賀長雄の社会進化論を基礎とする社会学、建部の社会学構想や体系化にも向けられている。外山正一の「神代の女性」やスペンサーの『プリンスプルズ・オブ・ソシオロジー』等にも影響を受けながら、恩師の建部遯吾の学問姿勢にも批判的な立場をとろうとしていた。戸田が辿るその後の経緯については批判的考察になり得るとしても、近代日本の社会学の展開においてこの戸田の批判的な学問姿勢を忘れてはならないであろう。素朴なことであるが、柳田国男がいみじくも述べていたように学問は「真似ぶ」ことにと止まることではなく「学び問う」ことであるとしていたが、学問活動・営為における批判的継承の試みや批判精神の重要性、創造力の重要性をあらためて想起すべきであろう。それらなしには学問活動も活力が失われていくだろう。

そうした批判的継承の試みとして戸田は、家族研究における制度論から団体論・集団論へのパラダイム転換を試み、家族の構成と機能、人々の内的要求と小家族論、家制度と社会との関係などを生涯の研究テーマとして研究を繰り広げていき、近代日本において先駆的に家族社会学という研究分野を切り拓いていった。社会調査論に関しても、戸田の「事実を基礎」とする科学的研究の必要という立場から、「人の社会生活は一方に於ては建設であり、支持であり、修正であるが、他方に於いては破壊であり、放棄である。此場合何を保存し、何を修正し、何を放棄すべきかは、それが人々の生活上にもたらす作用の効果如何によって定められるであろうが、この作用の効果を正確に知る為には先ず以て作用が如何に行われつつあるかを出来るだけ明瞭にしなくてはならぬ」、社会調査は「先ず現実に行われて居る所の事実を出来る限り誤りなく理解せしめんとする方法」(『社会調査』一九三三年、「序文」)であるとする社会調査論をやはり先駆的に展開したのであった。

そして「日本社会学会」の設立やその後の運営についても、戸田の力が極めて大きいものがあったといえる。日本社会学会が、それまで建部遯吾と米田庄太郎が主宰していた「日本社会学院」の後を継いで、正確には日本社会学院と並立交錯しながら、一九二四年五月に設立されたことは先述のとおりである。この日本社会学会は戦後もそのまま継続されて今日の日本社会学会に連なっているものであり、戸田は日本社会学会の設立当初より常任理事、そして一九四〇（昭和一五）年一二月より日本社会学会の初代会長となり、一九五二（昭和二七）年一〇月までの永きにわたって社会学会長を務めたのである。その意味では、戦中・終戦直後期にかけて多くの問題を抱えながらも、学会の礎を築いてきたといえるだろう。帝国大学教授として学問運動としての社会学の制度化の面でも戸田の役割に大きいものがあったといえる。また、先にもみたように、諸学校での社会学の教授や中等学校等での公民科教科書、社会教育等、教育行政や教育制度刷新・改革の点でも果たした役割は大きなものがあったといわなければならない。

しかし、学問や人間の営みの常として、そして戸田貞三自身が果敢にも先学に対する批判、批判的継承を以て学問活動を開始していったように、戸田が築き上げた学問的業績もまた批判の対象とされるようになるのは当然の動きであろう。学派や家門一門の教えや成果・伝承をそのままなぞるだけではその活動、営みに進歩・発展がありえない道理である。

「家族なる小集団は人々の内部的要求が基本となり、この内的要求が外部社会から課せられる諸条件に直接支配せられて社会的に是認せられ得る形を取ってあらわれるものである」という戸田の小家族論を軸とする家族研究の展開は、一面では家族のもつ基本的、一般的な特質は何かを考えていく重要な契機となり、また日本社会の近代化、産業化、都市化等の進展のもとで現実の家族がどのように変容・変遷しつつあるのかに眼を向けさせる転換点となっていったのである。だが、戸田の現実の「事実」を「基礎」とする「科学的研究」は多くの場合統計的(文書的)事実の解明に傾注して、その「事実」の生きづく歴史的社会的文脈での事実の多様な解明という作業は明らかに弱かったといえよう。これらの事実解明や家族類型等をめぐって戸田の家族研究が新たに批判の対象となり、あるいは継承されて、当時の民俗学的研究や社会経済史・資本主義論争等を背景にした有賀喜左衛門の家・家連合、村落・都市の諸研究を始め、福武直・喜多野清一・及川宏・秋葉隆・岡田譲・牧野巽・小山隆・山根常男・中野卓・森岡清美などの若い研究者が育ち、新たな重要ないくつかの論争を引き起こす大きなステップを用意して、日本における家族社会学的研究が開花されていった。「家族」の現在がさまざまに問われる今日においても、戸田が提起した問題構成はいまだに新鮮ともいえるし、批判的継承の対象として再考察するに値するとも考えられる。戸田の社会調査論も戸田門下や他の多くの実証的な社会学者に影響を及ぼしてきたことも明らかである。その後の数多くの社会調査の試みや計量的実証的社会学の展開も、日本社会学における戸田の先駆的な社会調査論をや

は り批判的な対象としながら連綿として繰り広げられてきたといえる。公民教科書や教育改革の問題も社会学にとっても依然として重要な課題である。われわれは、学問活動においても先を急ぐあまりに身近にある知的遺産の批判的継承を忘れてはならない。

戸田が先学の学問業績の批判的継承から学問活動を開始していったように、後の家族研究もまた有賀などによる批判的継承を通じて活況を促していったことは記憶されるべきであろう。戸田が学者、教師として学生に対しては極めて厳格で怒りっぽく「近寄り難い」、「かなり性格的にお天気屋」な存在でもあったのかもしれないが、戸田に出会った多くの人たちが、人間として次のような印象を記していることも忘れることはできないであろう。

「その頃はね日本社会学会の仲間になったんですよ、昭和一五年頃に。それはね、私はね『農村社会の研究』ちゅう本を出して、戸田先生のね、批評をいっぱいしているんですよ、ねぇ。あのぉ、戸田貞三(一八八七―一九五五年、東京大学社会学主任教授)って先生は偉い先生でしょう。社会学のなかでは一番偉い先生じゃないかと思うんですけどね。あの先生はね、『家族構成』という素晴らしい本を昭和一二年に出しているんですよね。あの先生は、シカゴ大学でもって実証社会学を研究してきて、日本に帰ってきて、そして家族の研究をやったんだけれども、それまでの家族の研究ちゅうのは法律論みたいなもので、社会学的な実証研究ちゅうものは全然ないわけね。だからして、大正九年、一九二〇年だね。一九二〇年の第一回の国勢調査の資料をもとにして、そいで日本の家族の分析をやっているわけ。それは現実の家族はどうであるかちゅうこと。それまでのは法律論だから全然おかしいですわね。あの先生から日本の家族ちゅうものを実証的に研究できるようになって、そいで立派な本ができているし。研究もいいけど、人間はもっと大きいんですよ」。

「そいで僕がね『農村社会の研究』のなかで、あれですよ、戸田貞三先生の批評を遠慮なくやっているけれども、「君の説はなかなか面白いよ」ちって僕を呼んで、そしていろいろ、やたらいろいろその僕にものを聞いたり、しゃべらせるわけなんですよ。だから、あんなことはね、普通ないことなんですよ。たいがいあんまり批判されりゃ嫌がっちゃって。しかも僕なんて社会学でもなんでもない美術史出たやつが社会学の先生の説をつべこべ言うなんてことはあんまりいい気持ちはしないはずなのに、あの先生は全然そういうことがないんですね。そいで、東大に呼んじゃあ小さな会で僕に話をさせたりしてるでしょ。面白い先生だなと思って、僕はその時から戸田先生のところにときどき行くようになったんですよ。ときどき少しっきりですかね」。

（北川隆吉編『有賀喜左衛門研究』二〇〇〇年、一二五—一二六頁）

これは有賀の晩年の所懐であるが、有賀は戸田貞三の再三の要請で一九四六年一一月から一九四九年三月まで東京大学文学部(社会学)で非常勤講師を勤め、「やがて東京教育大学(一九四九―七八年)が創設されるさい、戸田先生は当時在野の有賀先生を主任教授に推薦され」ている(中野卓「敗戦前後の戸田先生と私」一九九三年)。この所懐には、戸田の学問に対する厳しさと人間の大きさについての驚きと共感が込められているように思われる。「与えることを知らない生き方はまた同じ結末を見ないとも限らない。個人の生き方と国の生き方とは違うはずがない。お互いに与え合うことによって、人々の心は豊かになり、生きることの正しい目標をもつことができるのではないだろうか」という有賀自身の人間の大きさ、心の豊かさを知る思いである(有賀「与えること」一九七六年、四頁)。

戸田の学問姿勢や人間的姿勢にまつわるエピソードは数多くのこされている(『戸田貞三著作集』別巻)。戸田に「「学問を忘れるな」と言われたことは、八十余年の生涯を通じて守り続けたと思う」、「私の生涯に筋金を入れた故戸田貞三、そして中学校(現在の芝学園)では聞けない〝修身〟を教えた渡邊海旭の両先生は、恩師と呼んではばからない」(磯村英一『私の昭和史』一九八五年、五〇―五一頁)。「先輩達から、戸田先生に怒られたという話はよく聞かされた。しかし先生の怒り方を見ていると実に怒り上手で、本当に怒っているかどうか疑問に思われることもあった。」「それだからこそ先輩方は、先生に怒られても、あれほど慕っていたのだと思うし、その意味では怒り方の天才であったといえるかも知れない」(松島静雄「戸田先生の思い出」一九九三年、三〇六頁)。「きみ、それはコメンタリーだ。オリジナルを読みたまえ、オリジナルを」(三国一朗『世界』一九八五年五月、三一―三四頁)。これらは一例である。学問も、また人間の所産であることを考えさせられる。

5　現代社会学の地平

戸田貞三というひとりの学者の歩みを通して、帝国主義、戦時体制、敗戦、戦後民主化などとうち続く近代日本社会の動きの激動のもとで歴史のなかのひとりの人間、社会学者、学問のありようについて深く共感し、また考えさせられることも多い。K・マンハイムのいう「時代とともに生き」、かつ「時代を超えて生きる」ことの難しさを感じざるを得ない。わたしは戸田が繰り広げた学問活動の主な領域についての特徴や評価は本書のこれまでのところで記したので、翻って少し視点を換えて、現代社会学の地平から戸田の学問的な業績をどのように位置づけ、評価できるのであろうか。いささか難しい課題設定でもあるが、いくつか思いつくままを述べておきたい。

(i)　近代日本の社会学の歩みとともに現代社会学の地平は、ますます広がり遠大になりつつある。学問関心も実にさまざまな領域におよび、国際的な広がりを示しつつある。しかし、戸田貞三にしろ有賀喜左衛門にしろその学問活動の根には自らの身近な生活経験、自らの人間の歩み、自らの歴史や社会学の歩みが刻みこまれているように思われる。自らの生活に息づいた、借り物でない、自分を語る内在的・内発的な問題構成と問題解明、問題解決のトライアンギュレーションが工夫さていたようにも思える。現代社会学の地平はますますの広がりを示すだけに、根無し草となり、翻弄され彷徨い続けかねない。自分を語る、自分を考える問題構成、問題解明、問題解決の学問運動が必要となってきているのではなかろうか。そこを根にしつつ、なおかつそれらを踏まえた広い問題構成・問題解明・問題解決への試みが必要とされているのではないだろうか。

(ii) 生活事象・社会事象は、今日ではミクロ・レベル、中間レベル、マクロ・レベル、グローバル・レベルの相互媒介的な考察がますます必要となってきている。社会学史のなかでは社会学の生成や成立を一般に近代「市民社会の自己意識」としての生成や成立として位置づけてきた場合が多いが、近代日本・現代日本社会学のなかではたして「社会」がどれほど深められて議論され考察されてきたであろうか。近代日本の社会学が「社会の学」として生成・成立よりも当初から諸科学が国民国家建設のために動員され、専門化された独立の学問、「社会学の学」として導入移入されていった特徴については、丸山真男などによっても早くから指摘されてきたところである(丸山、一九六一年)。近年の阿部謹也の『「世間」とは何か』(一九九五年)、『日本社会で生きるということ』(一九九九九年）、『学問と「世間」』（二〇〇一年）などの指摘をまつまでもなく、日本の社会学の展開のなかでも「世間」、「世の中」、「社会」、「世」、「国」、「国家」、「公民」、「皇民」、「国民」、「市民」、「私民」などをじっくり考えてゆく契機が幾度かあったようにも思える。戸田の『社会学講義案』の「社会と社会学」（一九二八年）や『現代公民教科書』（一九三二年）の「人と社会」などにもそうした契機もまだ宿されていたのではなかろうか。明治の初期や大正期にも契機があったが、そうした契機を生かせないまま最新先端の「社会学」動向を追い求めるあまりに、昭和の戦時下に入り「理論と実践」を迫られ帝国主義的な国家社会論に飲み込まれていったといえないだろうか。終戦直後にもそうした契機があったが、イデオロギー的な立場が交錯し対立するあまりに失ってしまった。ここでも身近なところから現代社会の地平で「社会」を考えていく必要がある。ミクロ・レベル、中間レベル、マクロ・レベル、そしてグローバル・レベルの相互媒介的な考察がますます必要となってきている。

(iii)　戸田の社会学の展開は、近代日本の社会学の専門・個別科学としての確立期でのものであるとしても、必ずしも家族研究や社会調査論に限定されるものではなかった。戸田の学問活動は、（一）家族論（家族社会学）、（二）私有財産・職業・社会的地位をめぐる研究、（三）人口・地域社会論、（四）社会調査論、（五）社会学論、（六）学会活動・その他などの多領域にわたるものであった。今日では研究の専門化・専門分化・細分化が著しく、難解な専門的諸概念で重い鎧で身をかためがちである。社会学や概念そのものはあくまで人間や社会を理解していくための手段であり、道具である。戸田のいう「人々の内的要求」という基本的な視座のように、社会を支える「生きるものの声」「人間の声」にこそ耳を心を傾けるべきであろう。個別・細分化の砦に閉じこもることなく、学問の独立を重視しつつも学問と社会との関係を開かれたものとしてもういちど捉え直していく必要があるだろう。

(iv)　戸田は家族研究においても社会調査論においても「事実を基礎」とする科学的研究の必要を説き、その姿勢を貫こうとしたが、戦時下の学問活動においては時局に押し流され必ずしもその姿勢を貫いたとは言い難い。ここでは科学と社会構造との関係をあらためて考えてみなければならないだろう。R・K・マートンのいう「科学の社会学」、「科学のエートス」についてである。マートンは「科学のエートス」として四組の制度的命令、モレスを挙げている。①特殊主義を排して客観性を追求する「普遍主義」(universalism)(「民主化とは、社会的に価値ありとされる能力の発揮と発達を制限しているものを、つとめて排除しようとすることに等しい」)、②広く財の共同所有という、一般的な意味での公有性ということが科学の第二のエトスである(「公有性」(communism))、③「利害の超越」(disinterestedness)(「それ相当の資格のある仲間によって行われる統制機構が効果を発揮しなくなると、専門家の権威が濫用され、似而非科学がでっち上げられる」)、④「系統的懐疑主義」(organized scepticism)である(R・K・マートン、一九五七年、訳一九六一年)。こうしたエトスをわれわれはどのように根付かせるかということが、依然として絶えず大きな課題である。学問に携わる者もひとりの市民として、その人間的な資質が問われ、人間的な資質を絶えず培っていくことが必要であろう。

おわりに

晩年の戸田貞三
（『東京大学文学部社会学科75年概観』所収）

戸田貞三の学問活動は、前近代から近代へかけて、特に近代化の状況のそれであるが、現在では modernity から postmodernity への動きが問われる時代である。その意味ではわたしたちがいる状況は戸田貞三が置かれていた状況とは確かに異なる。しかしながら、近代日本における学問活動は、社会科学や社会学においても、特に西欧近代の先端的な学問動向を絶えず追い求め続けてきた歩みという特徴が強い。その限りでは旺盛に知識を学び、論壇は活況を呈して、幾分啓蒙的な役割を果たし、教育水準の向上にもそれなりの貢献を果たしてきたといえるかもしれない。だが、いまはより自立(自律)的な、より柔軟な、より積極的な、より開かれた学問活動の土壌を培っていく必要がある。新たな文明的な視点からの学問運動が必要であろう。

ここでは、学問活動における自覚的で反省的な三つの往復・循環運動を考えてみたい。

(i) 時間軸(進歩主義・進化主義、復古主義も、ともに「極めて新しいもの」「きわめて古いもの」を求める直線的な歩みであり、その意味では往復・循環運動をつうじた学問の連続性と革新を考察すべきであろう)。

(ii) 社会空間軸(戦前期の nationalism、戦後の Americanization, globalization の動きにたいして、glocalization、すなわち globalism と広い意味での localism、身近な世界との往復・循環運動)、

(iii) 研究の活動内容軸（社会事象としての歴史的社会的事実・現実・資料・フィールドを基礎にして、歴史〈学史〉、社会理論、社会観察・調査、実践・政策との関係における往復・循環運動）を指している。

戸田貞三の学問活動に限らずかってての「古い」学問活動を現在の学問動向に照らして彼の活動していた年月だけをみて、もう数世代前のものとして片付けて、最新の研究動向を追い求め続けることは最新の研究動向の最中におり効率的な研究姿勢のようにも思えるが、必ずしもそうではないのではなかろうか。それは学問活動における一種の狭い生産主義、効率主義、画一主義であり、多様な豊かな学問活動とはいえないのではなかろうか。もっと無駄の多い、偶然の発見にみちた、創意のある問題構成・問題解明・問題解決をめぐる多様な回路を見出す挑戦的な学問活動もあってもよいのではなかろうか。

わたしが戸田貞三の学問的な足跡を多少とも知る機会を得たのは、わたしなりに近代日本社会学史研究を遅々として進めていたところに、たまたま『戸田貞三著作集』（復刻版）（全一四巻＋別巻一、大空社、一九九三年）の企画編集にかかわるようになってからであった。戸田の母校であり彼の学問活動の中心的な場であった東京大学とはなんの関係もないわたしのような一私学の研究者がこうした著作集の企画編集にかかわれたのは幸運でもあった。しかし、わが国の場合には、先人のさまざまな活動や業績が意外と忘れ去られたり軽視されたりしてきたことが多いようにも思われる。いまは忘れられている学者を含め一四〇名ほどの近代日本の社会学者たちの足跡を書誌的視点・資料からまとめてみようとして編集した『近代日本社会学者小伝―書誌的考察―』（勁草書房、一九九八年）もそうした思いからであった。ましてや高田保馬や有賀喜左衛門などとならんで戸田貞三のような近代日本の社会学の発達に大きな貢献をはたしてきた人物の業績や足跡を大事な知的遺産として批判的に継承していくべきであろう。なにより日本人の研究者がそうした試みを通して自らの知的土壌を豊かにしないことには、その業績や足跡を国際的にも知らしめることは不可能であろう。

戸田貞三は、一九二〇年代前後より一九四〇年代までの約三〇年間にわたって東京帝国大学の社会学講座の中心的な人物、日本社会学会の常任理事・会長の地位にあり続けた人物であり、彼の個性的な学問姿勢や人間的姿勢をめぐっては数多くのエピソードも残されている。学生や門下生、周囲の人ににあまりにも厳格で、怒鳴られて、恐れられ、萎縮したり、反発を招いたりしこともあったようである。それでも彼に、人物の大きさや人間味に惹かれ敬愛する門下生も多かったようである。東大を中心として近代日本社会学の成立期・確立期において彼の幅広い学問活動を通じて社会学教育、人材育成、人材発掘の上で実に大きな役割を果たしたことも忘れられてはならないだろう。

今回もこの小冊子をまとめるうえでいろんな方々に教えを受け、お世話になり心より感謝申し上げたい。遅々として進まないなかでも、お教えをいただき、かつ励ましてくださったご遺族の戸田千代さん、北川隆吉先生、そして下田勝司氏、松井哲郎氏の出版社の方々にも深謝したい。黄昏の定かでない路をわたしなりに思い描いて歩いていくことにしよう。

Ｍ・ウェーバーの次の言葉で結びとしたい。

> ところが、学問のばあいでは、自分の仕事が十年たち、二十年たち、また五十年たつうちには、いつか時代遅れになるであろうことは、だれでも知っている。これは、学問上の仕事に共通の運命である。いな、まさにここにこそ学問的業績の意義は存在する。たとえこれとおなじ運命が他の文化領域内にも指摘されうるとしても、学問はこれらのすべてと違った仕方でこの運命に服従し、この運命に身を任せるのである。学問上の「達成」はつねに新しい「問題提出」を意味する。それは他の仕事によって「打ち破られ」、時代遅れとなることをみずから欲するのである。
>
> （Ｍ・ウェーバー『職業としての学問』、三〇―三一頁）

二〇〇三年春

川合　隆男

付録

かつて戸田貞三も学んだ岡山県私立中学閑谷學校
(筆者写)

戸田貞三の略歴に関する年表

一八八七	三月　六日	兵庫県朝来郡中川村立脇(現在朝来町)に生まれる
一八九四		(日清戦争勃発)
一八九六		(布川静淵ら、「社会学会」を結成)(布川静淵ら「社会学会」による『社会雑誌』の創刊)
一八九八		(加藤弘之・高木正義・金井延・有賀長雄ら、「社会学研究会」を結成)
一八九七	三月	中川村尋常小学校卒業
一九〇一	三月	柳瀬村山東高等小学校卒業
一九〇四		(日露戦争)
一九〇六	三月	岡山県私立中学閑谷學校卒業
一九〇九	七月	第一高等学校一部甲類卒業
一九一二	七月一〇日	東京帝国大学文科大学哲学科(社会学専修)卒業
一九一三	一〇月二五日	富山県立薬学専門学校助教諭 (この年、建部遯吾の主宰により「日本社会学院」設立、機関雑誌『日本社

		会学院年報』の創刊）
一九一五	四月一六日	富山県立薬学専門学校教諭
一九一七	四月三〇日	同校依願免本職
	五月 二日	東京帝国大学文科大学助手・日本社会学院編輯委員
一九一八	八月	（富山県で米騒動勃発、全国に波及）
	一一月	（ソビエト政権成立）
	一二月	（大学令公布）
一九一九		（「大原社会問題研究所」設立）
	四月	東京帝国大学文科大学は東京帝国大学文学部と改称（その一学科として社会学科設置）
	七月一九日	依願免本官
	同月	大阪市私立大原社会問題研究所所員
	一〇月二四日	社会学研究のため満二カ年米国英国及仏国へ留学を命じられる。
一九二〇	一月二六日	東京帝国大学文学部講師
	二月	米国及び欧州へ留学

一九二一	一〇月　一日	(第一回国勢調査実施)
		(内務省衛生局『東京市京橋区月島に於ける実地調査報告書』刊行)
一九二三	九月一五日	欧州より帰朝
	一〇月　二日	東京帝国大学助教授、文学部社会学第一講座担当
一九二四		日本社会学会の設立に尽力、『社会学雑誌』創刊
一九二五		(日本社会学院『社会学研究』(『日本社会学院年報』を改題)を刊行)
	一一月	日本社会学会第一回研究報告会(社会学会大会)・題目「階級」
一九二六		京都帝国大学文学部講師、昭和三年まで三か年出講
一九二八	六月二一日	日本社会学会常任理事
一九二九	三月　七日	東京帝国大学教授
	八月　八日	學術上取り調べのため台湾に一カ月出張
	九月一四日	東京帝国大学文学部新聞研究に関する特別指導を嘱託せられる。昭和一九年四月一四日解嘱
一九三一		(満州事変)
一九三二	三月二三日	満州へ出張、四月二六日帰朝
一九三三		(この年、日本は国際連盟脱退)

一九三七		(この年、日中戦争開始)
	二月 九日	文部省視学委員を嘱託
	一二月一八日	大学制度審査委員会委員
一九三八		(この年、国家総動員法の公布施行)
	一一月二九日	論文「家族構成」により文学博士の学位授典
一九三九		(この年、第二次世界大戦勃発)
	一〇月 三日	東京帝国大学評議員
一九四〇	四月 一日	日本諸學学振興委員会哲学部門臨時委員
	五月	教科書図書委員会委員
	一〇月	(大政翼賛会発足)
	一二月一七日	日本社会学会会長、一九五二(昭和二七)年一〇月まで継続
一九四一	一二月	(太平洋戦争開戦)
一九四二	一月	昭和一七年度壮丁教育調査委員会委員
	九月	厚生省専門委員
一九四四	二月二三日	日本諸学振興委員会哲学部専門委員
	三月 一日	満州国及び中華民国へ約一カ月出張

一九四五	四月一一日	学術研究会議会員
	同月一七日	学術研究会議第六部副部長、機構改正後、第一四部長
	同月二四日	東京帝国大学文学部長
		（終戦）
	一一月　一日	公民教育刷新委員会委員長（委員戸田貞三、大河内一男、和辻哲郎、田中二郎、稲田正次）
一九四六	三月	（米国教育使節団来日）
	四月一五日	東京大学教育制度研究委員会委員長
	八月一〇日	教育刷新委員会委員
	九月　三日	人文科学委員会委員
	一〇月　五日	東洋文化研究所長兼任
	一一月	社団法人輿論科学協会会長
一九四七	三月	（教育基本法・学校教育法公布）
	四月二四日	東京帝国大学文学部長を免ぜられる
	五月	（日本国憲法施行）
	九月三〇日	依願免本官

一九四八	一〇月一八日	学術研究会議副会長
		東京家政専門学校長、一九五〇(昭和二五)年三月、同校長を退任、日本世論協会理事
	七月	学術刷新委員会委員
	八月	東京大学名誉教授
一九四九	七月	法務府中央厚生保護委員会委員
	八月	内閣世論調査審議会委員長
		(この年、新制大学設置)
一九五〇	六月	(朝鮮戦争勃発)
	七月	(『社会学評論』(日本社会学会)創刊)
一九五二	四月	(対日平和条約・日米安全保障条約各発効)
一九五三	四月	(新制大学院設置)
	四月	東洋大学文学部教授
一九五四	一〇月	中央調査社社長
一九五五	七月三一日	東京都文京区関口町一九七の自宅にて逝去。六八歳。

戸田貞三の著作文献目録

一九一三年 「日本に於ける家の制度発達の研究」(『日本社会学院年報』第一年第一・二合冊、三一—一三八頁)
一九一七年 「何故細民が出来る」(『社会と救済』第一巻三号、中央慈善協会、二〇六—二一五頁)
一九一九年 「生活調査法に就いて」(『救済研究』第七巻六号、救済授業研究会事務所、二八—四五頁)
一九二〇年 「米国に於いて社会学及社会問題を中等学校の生徒に享受する事に関する従来の経過」(『日本社会学院年報』第八年第一・二合冊、六六—七八頁)
一九二一年 「跋論」(建部遯吾編『国家社会論』(日本社会学院調査部編、現代社会問題研究、第二四巻、冬夏社)
一九二二年 『私有財産問題』(現代社会問題研究、第七巻、冬夏社)
一九二三年 「社会方面」(『日本社会学院年報』第一〇年第三・四合冊、二九八—三四九、四二三—四二九頁)
「バラック生活の改善事項」(『太陽』第二九巻一三号、一一—一二頁)
「大学セツルメントの建設に就て」(『帝国大学新聞』第五九号)
一九二四年 「社会に関する事項」(『公民教育講演集』実業補習教育研究会)
一九二四年a「夫婦関係の強さの測定(離婚に関する一研究)」(『社会学雑誌』第一号、日本社会学会、一—二五頁)
一九二四年b「親子中心の家族の特質」(『思想』第三四号)
一九二四年c「家系尊重の傾向に就て」(『丁酉倫理会倫理講演集』第二六三号、一—一九頁)
一九二四年d「日米両国に於ける夫婦結合の強さに関する比較」(『統計時報』第九号)
「故外山教授の『神代の女性』に就いて」(『社会学雑誌』第九号、一—二二頁)
「家族結合と社会的威圧」(『哲学雑誌』第四〇巻四五九号、一—二三頁)
一九二五年 「親子の結合に就いて」(『社会学雑誌』第一七号)
「家族的生活者と非家族的生活者」(『社会政策時報』第六二号)

一九二六年　「俸給生活者としての大学教授(上・下)」(『帝国大学新聞』第一四六・一四七号)
「階級的内婚制に就いて(上・下)」(『社会学雑誌』第二一・二二号)
「家族構成に就いて」(『統計時報』第一四号)
「社会政策と連帯責任」(『社会政策時報』第六八号、一―二三頁)
「故穂積博士の社会学説」(『社会学雑誌』第二六号)
『家族の研究』(弘文堂書房)
「ビフリオテエク　女人政治に現れる必然性について」(『帝国大学新聞』第一七九号)
「学生起訴事件に就て」(『我等』第八巻一〇号、七八―八一頁)

一九二七年　「家族の特性としての員数限定の傾向」(『我等』第九巻一号)
「実体としての社会の定型と要素の関係」(『帝国大学新聞』第一九六号)
「社会的地位決定要素としての称号資格」(『社会政策時報』第八三号、一七四―一九〇頁)
「夫婦結合分解の傾向に就いて」(一)(二)(三)(『社会学雑誌』第三三・三四・三五号)
「閥の社会的特質」(『社会学雑誌』第四〇号、一―二一頁)
「一九二七年に於ける日本の社会学界」(『経済往来』第二巻一二号)

一〇二八年　「自然の人口と人工の人口」(『社会学雑誌』第四五号、一―二六頁)
「自然の人口と人工の人口」(承前)(『社会学雑誌』第四七号、二一―四八頁)
『社会学講義案』(第一部、弘文堂)
「家族」(『大思想エンサイクロペヂャ』第一三冊、春秋社)
「カフェーと株式会社」(『経済往来』第三巻七号)
「昭和三年社会学界」(『経済往来』第三巻一二号)

一九二九年　「台湾の人と社会」(『社会学雑誌』第六八号、一―二二頁)

一九三〇年 a "The Social Sciennces as Discipline, X.Japan," E. R. A. Seligman and A. Johnson, eds., Encyclopedia of the Social Scinces,vol.1, 321-323.

「夫婦本位の結婚」(『経済往来』第五巻四号、一四六—一四九頁)
「医師会会長と内の御父さん」(『帝国大学新聞』第三四六号)
「家族の集団的特質の変遷過程」(『理想』第一九号)

一九三一年
「愛郷心と教員生活」(『郷土』第五号、五—九頁)
「卒業生と就職問題」(『帝国大学新聞』第三七七号)
「都市農村」(『季刊社会学』第一輯、一一五—一三三頁)
「大学のイット」(『帝国大学新聞』第三八七号)
『社会政策』(台湾社会事業協会)

一九三二年
「拡まる文化社会学」(『帝国大学新聞』第四一三号)
「弔辞」(下田隼吉の葬儀)(『下田隼吉遺稿』収録、七四八—七四九頁)
「下田隼吉君の思い出」(『下田隼吉遺稿』七八三—七八七頁)
「満州国はどんな人々を求めるか」(『帝国大学新聞』第四三二号)
「就職機関の進むべき途◇本年度の就職成績を見て」(『帝国大学新聞』四三五号)
「家族の集団的特質」(『社会学』第二号、森山書店)
「社会変動の一局面」(『経済往来』第七巻八号、三三三—三三七頁)
「社会学」(岩波講座『哲学』第一〇回、一二回配本)
「大学入試と就職」(『帝国大学新聞』第四五六号)

一九三三年
「社会学のアカデミズムとジャーナリズム」(『帝国大学新聞』第四六一号)

一九三三年a
「社会調査」(岩波講座『教育科学』第一八冊)
「満州の社会」(『講演』第二二七号、東京講演会)
『農村人口問題』(大日本聯合青年団)
「家族制度の改造」(『社会政策時報』第一五四号)
「大学教育」(岩波講座『教育科学』第二〇冊「大学教育の問題シンポジウム」、二一一—二三〇頁)

『社会学講義案』二部（弘文堂）
一九三三年b『社会調査』（時潮社）
「学校教育と職業指導」（『教育』第一巻九号、一—九頁）
「就職準備教育私案」（『帝国大学新聞』第五〇六号）
一九三四年「日本橋移入人口調査」（『都市問題』第一八巻一号、八七—一〇四頁）
『家族と婚姻』（中文館書店）
一九三五年「家族と外部社会」（『学校教育』第二六四号、二五—六七頁）
「家族の大きさ—東北地方の家族とその他の地方の家族—」（『社会政策時報』第一七四号）
「社会調査概説（一）～（六）（完）」（『社会事業』第一八巻一二号～第一九巻六号）
「生計単位としての家族」（『中央公論』第五〇年九号）
一九三六年「家族構成と人口」（『経済法律論叢』第七巻一号、専修大学学会）
「家族生活と子供の再認識」（『児童』第四巻二号、六—一三頁）
一九三七年「社会生活」（『日本文化講座』第一一輯、帝国教育会）
「現代我国民の形造って居る家族の形態に就いて」（『年報社会学』第五輯）
「新要目に於ける家の生活の意味」（『公民教育』第七巻七号、一四—一六頁）
『家族構成』（弘文堂書房）
一九三八年「村を離れる人々」（『丁酉倫理会倫理講演集』第四二八輯）
「職業分野の変遷」「職業分野の変遷（二）」（『職業指導』第一一巻六号、七号）
「職業とその分野の変遷」（『公民教育』第八巻一〇号、一八—二五）
「県別人員別世帯構成表」（昭和一三～一四年に作成）
一九三九年『家族と村落』第一輯・第二輯（戸田貞三・鈴木榮太郎編、日光書院）
「宗門帳に於て観られる家族構成員」（『家族と村落』第一輯）
「公人関係と私人関係」（『公民教育』第九巻五号、一—八頁）

一九四一年　「長期建設と婦人」(『丁酉倫理会倫理講演集』第四四〇輯)
「阿部重孝君を憶ふ」(『丁酉倫理会倫理講演集』第四四一輯)
「角兵衛獅子」(『帝国大学新聞』第七七八号)
「日本の家族問題講話」(『公論』(革新改題)第四巻三号、第一公論社)
「日本社会学会を中心として」(日本社会学会年報『社会学』第八輯)
「家族」(岩波講座『倫理学』第八冊)
一九四二年　「我が国の家族と家族制度」(『家庭教育指導叢書』第四輯、文部省社会教育局)
「阿部君の研究態度」(『教育』第七巻七号、六〇―六三頁)
『家の道』(中文館書店)
一九四三年　「家族の機能と子供の扶養との関係」(『民族科学研究』第一輯)
一九四四年　「家族社会学」(『日本国家科学体系』第二巻「哲学及社会学」、実業之日本社)
「社説　学生新聞の新使命」(『大学新聞』第一号〈昭和一九年七月一日〉)
『家と家族制度』(羽田書店)
一九四五年　「教養補充の急務＝復興と高等教育の在り方＝」(『大学新聞』第三七号)
一九四六年　「卒業生との交流」(『帝国大学新聞』第一〇〇一号)
「社会調査の方法と技術」(時事通信社調査部編『輿論調査』時事通信社)
一九四七年　「書物の整理―天地何ぞ曽て一じんあらん」(『帝国大学新聞』第一〇〇五号)
「古代の住居址と家族の大きさ」(『社会科学評論』第一・二集合併号、関書院)
「学研と大学新聞」(『東京大学新聞』第一〇九七～一一〇〇号合併号)
一九四八年　「社会調査」(民族文化調査会編『社会調査の理論と実際』青山書院)
「建部先生の思い出」(『社会学研究』第二巻一集、国立書院)
『家族と社会』(公民叢書、一六)印刷局
一九四九年 a「世論の報道と指導―世論調査と新聞」(『新聞研究』第七号、三―六頁)

「社会教育法と民間社会教育団体」(『社会と教育』第四巻八号)
「家族の構成と機能」(『社会学体系、第一巻・家族』所収、国立書院)
『社会学研究の栞』(戸田貞三編、中文館書店)
「社会学序説」(『社会学研究の栞』、中文館書店、二一―二二頁)
一九四九年b『社会調査の方法』(戸田貞三・甲田和衛著、学生書房)(昭和二五、目黒書院)
一九五〇年「教育上の機会均等と学校系統」(『教育振興』第三巻一号、東京書籍株式会社)
「社会的矛盾と反社会的行為」(『月刊刑政』第六一巻二号)
「社会教育の隘路」(『社会教育』第五巻三号、社会教育研究会)
『家庭生活』(『社会科学級文庫』、六三書院)
『家族制度』(社会科文庫、三省堂)
一九五一年「社会教育の調査について」(談話)(『教育統計』第八号、東京教育研究所)
一九五二年『社会学概論』(社会学選書、有斐閣)
一九五三年「学究生活の思い出」(『思想』第三五三号、八六―九五頁)
「序」(『松本潤一郎　追憶』、一―三頁)
「鳩の話」(『松本潤一郎　追憶』、一二一―一二三頁)

◆以上の戸田の文献は『戸田貞三著作集』(第一巻~第一四巻)の中に収録されている。

他の著作等

一九三一年　『現代中学公民教科書』(巻上・下)、中文館
一九三二年　『現代中学公民教科書』(巻上・下)、中文館
一九三五年　『新制中学公民教科書』(巻上・下)、中文館
一九三七年　『新制女子公民教科書』(巻)上・下)中等学校教科書株式会社
一九四三年　『新制中学公民教科書』(巻上・下)(修四版)、中文館
一九五一年　戸田貞三編『高校社会科概説―われわれの社会生活の基本的諸問題―』(上・下)、日本出版協同株式会社

◆その他の論稿等については、『戸田貞三著作集』(別巻)(一九九三)の巻末の「その他の論稿等」参照されたい。

引用・参考文献

青井和夫、一九九三「最後の東京帝国大学教授」『戸田貞三著作集』別巻
赤塚康雄、一九七八「戦前教育改革を戦後につなぐもの―戸田貞三の位置と役割―」赤塚康雄『新制中学校成立史研究』明治図書
秋元律郎、一九七九『日本社会学史―形成過程と思想構造―』早稲田大学出版部
朝来町教育委員会編、一九八一『近代朝来町の歩み―朝来町史(下巻)―』
阿部謹也、一九九五『世間とは何か』講談社現代新書
阿部謹也、一九九九『日本社会で生きるということ』朝日新聞社
阿部謹也、二〇〇一『学問と「世間」』岩波新書
有賀喜左衛門、一九三九『農村社会の研究』河出書房
有賀喜左衛門、一九四三『日本家族制度と小作制度』河出書房(『有賀喜左衛門著作集』I、II)
有賀喜左衛門、一九六五『日本の家族』至文堂(『有賀喜左衛門著作集』XI巻収録)
有賀喜左衛門、一九七六「与えるということ」窪徳忠・佐々木雄司編『生命哲学のすすめ』有斐閣選書
有賀喜左衛門、一九七六(中野卓編)『文明・文化・文学』御茶の水書房
有賀長雄、一八八四『社会学』第三巻(族制進化論)
磯村英一、一九八五『私の昭和史』中央法規
磯村英一、一九九三「戸田貞三と日本社会学の軌跡」『戸田貞三著作集』別巻
岩井弘融、一九九三「一枚の葉書」『戸田貞三著作集』別巻

稲田伊之助編、一九八七『古賀米吉伝』市川学園
Weber, M. 一九一九(一九八二)(尾高邦雄訳)『職業としての学問』岩波クラシックス
宇野正道、一九八〇「日本における世帯概念の形成と展開―戸田貞三の家族概念との関連を中心に―」『三田学会雑誌』第七五巻五号(『戸田貞三著作集』別巻再録)
及川　宏、一九四〇「戸田貞三・鈴木榮太郎監修『家族と村落』第一輯」日本社会学会編『年報社会学』第七輯(『戸田貞三著作集』別巻)
大原社会問題研究所、一九二〇『日本労働年鑑(大正八年)』
大島　清、一九六八『高野岩三郎伝』岩波書店
加藤正泰、一九九三「戸田貞三先生に関して―その学恩と思い出―」『戸田貞三著作集』別巻
川合隆男、一九八〇「社会調査方法史について―近代日本における社会調査方法の模索と「月島調査」―」『法学研究』(慶応義塾大学)第五三巻九号
川合隆男、一九八八「「日本社会学会」の設立とその後の経緯」『法学研究』第六一巻五号
川合隆男、一九八九―一九九一―一九九四(編著)『近代日本社会調査史Ⅰ・Ⅱ・Ⅲ』慶応義塾大学出版会
川合隆男、一九九三「解題(戸田貞三)社会調査論、社会学論」『戸田貞三著作集』別巻
川合隆男、一九九六「戸田貞三による社会調査論の展開」『法学研究』第六九巻一〇号
川合隆男、一九九七(編)『近代日本社会学関係雑誌記事目録』龍溪書舎
川合隆男、一九九八(川合・竹村英樹編)『近代日本社会学者小伝』勁草書房
川合隆男、一九九九「建部遯吾の社会学構想―近代日本社会学のひとつの底流―」『法学研究』第七二巻五号
川合隆男、一九九九「解題　雑誌「日本社会学院年報」・「社会学研究」」『日本社会学院年報』(復刻)龍溪書舎

川合隆男、二〇〇一「戦時下における雑誌『年報社会学』の軌跡」『法学研究』第七四巻三号
川合隆男、二〇〇三『近代日本社会学の展開―学問運動としての社会学の制度化―』恒星社厚生閣
川合隆男、二〇〇三『近代日本における社会調査の軌跡―社会観察・社会調査と社会学―』恒星社厚生閣
河村　望、一九七五『日本社会学史研究（上・下）』人間の科学社
北川隆吉、二〇〇〇『有賀喜左衛門研究』東信堂
喜多野清一、一九七〇「解説―日本における家族社会学の定礎者、戸田貞三博士」（戸田貞三『家族構成』新泉社）、（『戸田貞三著作集』別巻）
倉沢　進、一九九三「今にして戸田先生に学ぶこと」『戸田貞三著作集』別巻
黒沢英典、一九八八「わが国に於ける六　三　三　四制学校制度成立史の経緯―戸田文書を中心にして―」『武蔵大学人文学会雑誌』一九巻二号
黒沢英典、一九九三「敗戦直後に於ける教師養成制度改革案の検討―戸田貞三戦後教育改革文書を中心にして―」『武蔵大学人文学会雑誌』二四巻四号
黒沢英典、一九九四『戦後教育の源流』学文社
小山　隆、一九四八「家族研究の回顧と展望」民族文化調査会編『社会調査の理論と実際』青山書院
小山隆・牧野巽・岡田譲・喜多野清一・那須宗一、一九七〇（座談会）「家族研究の回顧と展望」『現代家族の社会学―成果と課題―』培風館
坂井達朗、一九九〇「戸田家族理論の一つの理解の仕方―有賀・喜多野理論を手がかりとして―」『三田学会雑誌』第八二巻特別号、（『戸田貞三著作集』別巻）
坂井達朗、一九九三「解題（戸田貞三）家族論」『戸田貞三著作集』別巻

『資料 日本現代史』(12)、一九八四
清水浩昭、一九七一「戸田貞三著『家族構成』(復刻版発行)」『人口問題研究』第一一九号(『戸田貞三著作集』別巻)
清水浩昭、一九九九「戸田貞三論—家族論を中心として—」『東洋大学社会学部四〇周年記念論集』
清水幾太郎、一九九三「戸田貞三先生のこと」『清水幾太郎著作集』第一五巻、講談社(『戸田貞三著作集』別巻)
下出隼吉、一九三一「歴史的に観たる本邦に於ける社会学と公民教育との関係」『季刊 社会学』第一輯
下出隼吉、一九三二『下出隼吉遺稿』非売品
下出隼吉、一九三二『明治社会思想研究』浅野書店
Spencer, H., 1876-96: Principles of Sociology, 3 vols.
清野正義、一九九五 一九九六「戸田貞三論(一)~(四)—〈市民と民族〉問題への社会学史的アプローチ」『立命館産業社会論集』第三一巻二号、第三二巻一~三号
関 清秀、一九九三「戸田先生の社会調査—出会いからお別れまで—」『戸田貞三著作集』別巻
『大政翼賛運動資料』第一〇巻(全一〇巻)、一九八八、柏書房
大道安次郎、一九六八「戸田貞三(一八八七—一九五五)」『日本社会学の形成—九人の開拓者たち—』ミネルヴァ書房(『戸田貞三著作集』別巻)
高田保馬、一九一九『社会学原理』岩波書店
高田保馬、一九二三『階級考』聚英閣
高田保馬、一九三二(高田・森口繁治共著)『中等新公民教科書』(上・下巻)
高野岩三郎著・鈴木鴻一郎編、一九六一『かっぱの屁』法政大学出版局
高橋 徹、一九八七『近代日本の社会意識』新曜社

高群逸枝、一九三八『大日本女性史―母系制の研究』厚生閣
武田良三、一九五二「戸田貞三著『社会学概論』」『社会学評論』第九号(『戸田貞三著作集』別巻)
建部遯吾、一八九八『哲学大観』金港堂
建部遯吾、一九〇四 一九〇五 一九〇九 一九一八『普通社会学』(第一巻・社会学序説)、(第二巻・社会理学)、(第三巻・社会静学)、(第四巻・社会動学)、金港堂
建部遯吾、一九二一『国家社会観』(『現代社会問題研究』叢書・第二四巻)、冬夏社
Chapin, F. Stuart, 1920: Field Work and Social Research, The Century Co., N.Y.
東京大学百年史編集委員会編、一九八五『東京大学百年史 通史二』『資料二』
東京大学百年史編集委員会編、一九八六『東京大学百年史 部局史一』
『東京帝国大学一覧 自大正九年至大正一〇年』
富永健一、一九九三「戸田貞三先生の実証社会学と理論社会学」『戸田貞三著作集』別巻
富永健一、一九九五『社会学講義 人と社会の学』中央公論社
戸田千代、一九九三「父の想い出」『戸田貞三著作集』別巻
東京大学文学部社会学研究室、一九五四『東京大学文学部社会学科七五年概観』
外山正一、一八九五「神代の女性」『哲学雑誌』第一〇巻九五号
外山正一、一八九九『藩閥の将来附教育之大計』博文館、(一九九四復刻版、慶応義塾福沢研究センター)
外山正一、一九〇九(三上参次・建部遯吾編)『〻山存稿』丸善、(一九八三復刻版、湘南堂書店)
内務省保健衛生調査会、一九二一『東京市京橋区月島に於ける実地調査報告』内務省衛生局
中野 卓、一九九三「敗戦前と後の戸田先生と私」『戸田貞三著作集』別巻

中野 卓、二〇〇〇「有賀先生の生涯と社会学」北川隆吉編『有賀喜左衛門研究』前出

日本社会学院調査部編、一九二〇―一九二七『現代社会問題研究』叢書（復刻）（全二五巻）、龍溪書舎

日本社会学会編、一九三一『季刊社会学』第一輯（特輯「公民科の問題」）

日本社会学会、一九三三「理論と実践の問題」（特輯）『年報社会学』第一輯

日本放送協会、一九四一―四二『国民生活時間調査』

日本学術協力財団編、一九九六『全国学術研究団体総覧』

日本学術協力財団編、二〇〇一『学会名鑑二〇〇一―三年版』

馬場明男、一九三四「戸田貞三著『社会学講義案』第二部」『社会学徒』第八巻一号、（「戸田貞三著『社会調査』」『社会学徒』第八巻二号〈『戸田貞三著作集』別巻〉）

林 恵海、一九六一「日本社会学の発展」日本社会学会編『教養講座社会学』所収、有斐閣

Faris, Robert E.L., Chicago Sociology, 1920-1933, The University of Chicago Press, Midway Reprint, 1979.

フェノロサ、アーネスト・F、講述（金井延筆記／秋山ひさ編・解説）、一九八二『フェノロサの社会学講義』神戸女学院大学研究所

福武 直、一九四四「戸田貞三・鈴木榮太郎監修『家族と村落』第二輯」日本社会学会編『社会学研究』第一輯、（『戸田貞三著作集』別巻）

福武 直、一九八一「戸田貞三先生と私」『家族史研究』（四）（『戸田貞三著作集』別巻）

船越源一、一九三一「公民教育及公民教育の我が国の教育制度に於ける沿革」『季刊社会学』第一輯

Bulmer, Martin, 1984: The Chicago School of Sociology; Institutionalization, Diversity, and the Rise of Sociological Research, The Univ. of Chicago Press.

穂積重遠、一九二七「戸田貞三著『家族の研究』」『社会学雑誌』第三三号、(『戸田貞三著作集』別巻)
マートン、R・K、一九六一(一九五七)(訳)『社会理論と社会構造』みすず書房
松本潤一郎、一九二八「戸田貞三氏著『社会学講義案』第一部」『社会学雑誌』第五一号、(『戸田貞三著作集』別巻)
松本誠一、一九九三「『戸田貞三旧蔵書目録』作成の経緯」『戸田貞三著作集』別巻
松島静雄、一九九三「戸田先生の思い出」『戸田貞三著作集』別巻
丸山真男、一九六一『日本の思想』岩波新書
三国一朗、一九八五「戸田先生の思い出」『世界』五月号
民族文化調査会編、一九四八『社会調査の理論と実際』青山書院
『民俗学研究』、一九五二第一七巻一号(特集、社会調査)
森岡清美、一九八一「国勢調査による家族の動態分析」『家族史研究』四号
森岡清美、一九九三「戸田貞三の『家族構成』研究以前」『比較家族史研究』第八号、(『戸田貞三著作集』別巻)
Moures, Ernest Russell, 1927: Family Disorganization; An Introduction to a Sociological Analysis, The Univ. of Chicago Press.
文部省社会教育局、一九四〇『壮丁思想調査概況』(四)(一九七二復刻、宣文堂書店)
Richmond, Mary Ellen, 1917: Social Diagnosis, Russell Sage Foundation.
山根常男、一九九三「私の家族研究と戸田貞三先生」『戸田貞三著作集』別巻
山室周平、一九八一「戸田貞三の家族学説—初期における家族史の研究を中心に—」『家族史研究』(四)、大月書店、(『戸田貞三著作集』別巻)
山室周平、一九八七(家族問題研究会編)『家族学説史の研究』垣内出版

山本　登、一九九三「戸田先生のこと」『戸田貞三著作集』別巻
米沢和彦、一九九一『ドイツ社会学史研究―ドイツ社会学会の設立とヴァイマル期における歴史的展開―』恒星社厚生閣
米林富男、一九三二「アメリカ都市社会学―特にシカゴ学派の生態学的研究について―」『社会学』第一号
米林富男、一九三三「道徳統計と社会誌学」『統計時報』六四〇号
米林富男、一九三六「社会誌学と社会調査」『社会学研究』第二輯
米林富男、一九五五「戸田先生の想い出」『東洋大学新聞』(九月二五日)、(『戸田貞三著作集』別巻)

事項索引

【ア行】

【カ行】

人名索引

■著者紹介
川合　隆男　（かわい　たかお）

【略歴】1938年山形県に生れる。慶應義塾大学法学部教授。慶應義塾大学法学部卒、同大学大学院社会学研究科博士課程修了。1970-71年、プリンストン大学（アメリカ）、1988年、延世大学校（韓国）、1989年、ノッティンガム大学（イギリス）に遊学。社会学博士。
【専攻】近代日本社会学史。社会調査論。社会成層論。

主な著訳書
『社会的成層の研究―現代社会と不平等構造―』（世界書院、1975）
『社会学―現代社会学の課題―』（共著）（勁草書房、1984）
『近代日本社会調査史（Ⅰ）（Ⅱ）（Ⅲ）』（編著、慶應通信、1989・1991・1994）
Ｇ・イーストホープ『社会調査方法史』（監訳、慶應通信、1982）
Ｓ・Ｐ・シャド『ドイツ・ワイマール期の社会調査』（監訳、慶應通信、1987）
Ｊ・ベルティング他編『国際比較調査の諸問題』（監訳、慶應通信、1988）
Ｋ・プラマー『生活記録の社会学』（共監訳、光生館、1991）
Ｌ・シャッツマン＝Ａ・Ｌ・ストラウス『フィールド・リサーチ』（監訳、慶應義塾大学出版会、1999）
『近代日本社会学関係雑誌記事目録』（編、龍溪書舎、1997）
『近代日本社会学者小伝』（共編著、勁草書房、1998）
『都市論と生活論の祖型―奥井復太郎研究―』（共編著、慶應義塾大学出版会、1999）
『近代日本社会学の展開―学問運動としての社会学の制度化―』（恒星社厚生閣、2003）
『近代日本における社会調査の軌跡―社会観察・社会調査と社会学―』（恒星社厚生閣、近刊）、その他

Toda Teizou : The Course of his Family Study and Positive Sociology

〈シリーズ世界の社会学・日本の社会学〉
戸田貞三――家族研究・実証社会学の軌跡
2003年10月20日　　初　版 第1刷発行　　〔検印省略〕

＊定価はカバーに表示してあります

著者©川合隆男　発行者 下田勝司　　印刷・製本 中央精版印刷
東京都文京区向丘1-20-6　郵便振替 00110-6-37828　発行所
〒113-0023　TEL (03) 3818-5521(代)　FAX (03) 3818-5514　株式会社 東信堂
E-Mail tk203444@fsinet.or.jp

Published by **TOSHINDO PUBLISHING CO., LTD.**
1-20-6, Mukougaoka, Bunkyo-ku, Tokyo, 113-0023, Japan
ISBN4-88713-522-x C3336 ©Takao Kawai

東信堂

国際法新講〔上〕	田畑茂二郎	二九〇〇円
国際法新講〔下〕	田畑茂二郎	二七〇〇円
ベーシック条約集〔第4版〕	代表編集 山手治之 香西茂 松井芳郎	二四〇〇円
国際経済条約・法令集〔第2版〕	小原喜雄 小室程夫 山手治之 編集	三九〇〇円
国際機構条約・資料集〔第2版〕	代表編集 香西茂 安藤仁介	三二〇〇円
資料で読み解く国際法〔第2版〕〔上〕	大沼保昭編著	二八〇〇円
資料で読み解く国際法〔第2版〕〔下〕	大沼保昭編著	二〇〇〇円
国際立法—国際法の法源論	村瀬信也	六八〇〇円
判例国際法	代表編集 田畑茂二郎 竹本正幸 松井芳郎	三五〇〇円
プラクティス国際法	香西茂 竹本正幸 坂元茂樹 編	一九〇〇円
国際法から世界を見る—市民のための国際法入門	松井芳郎	二八〇〇円
テロ、戦争、自衛—米国等のアフガニスタン攻撃を考える	松井芳郎	八〇〇円
〔21世紀国際社会における人権と平和〕〔上・下巻〕		
国際社会の法構造—その歴史と現状	代表編集 山手治之 香西茂	五七〇〇円
現代国際法における人権と平和の保障	代表編集 山手治之 香西茂	六三〇〇円
人権法と人道法の新世紀	藤田久一 松井芳郎 坂元茂樹 編	六二〇〇円
国際人道法の再確認と発展	竹本正幸	四八〇〇円
海上武力紛争法サンレモ・マニュアル解説書	人道法国際研究所 竹本正幸監訳	二五〇〇円
〔現代国際法叢書〕		
領土帰属の国際法	太壽堂鼎	四五〇〇円
国際法における承認—その法的機能及び効果の再検討	王志安	五二〇〇円
国際社会と法	高野雄一	四三〇〇円
集団安保と自衛権	高野雄一	四八〇〇円
国際「合意」論序説—法的拘束力を有しない国際「合意」について	中村耕一郎	三〇〇〇円
国際人権法とマイノリティの地位	金東勲	三八〇〇円

〒113-0023　東京都文京区向丘１－20－６　☎03-3818)5521　FAX 03(3818)5514　振替　00110-6-37828
E-mail: tk203444@fsinet.or.jp

※税別価格で表示してあります。

東信堂

大学の自己変革とオートノミー—点検から創造へ	寺﨑昌男	二五〇〇円
大学教育の創造—歴史・システム・カリキュラム	寺﨑昌男	二五〇〇円
大学教育の可能性—教養教育・評価・実践・	寺﨑昌男	二五〇〇円
〔シリーズ教養教育改革ドキュメント・監修寺﨑昌男・絹川正吉〕		
立教大学〈全カリ〉のすべて—リベラル・アーツの再構築	全カリの記録編集委員会編	二一〇〇円
ICU〈リベラル・アーツ〉のすべて	絹川正吉編著	二三八一円
大学の授業	宇佐美寛	二五〇〇円
作文の論理—〈わかる文章〉の仕組み	宇佐美寛編著	一九〇〇円
大学院教育の研究	バートン・R・クラーク編 潮木守一監訳	五六〇〇円
大学史をつくる—沿革史編纂必携	寺﨑・別府・中野編	五〇〇〇円
大学の誕生と変貌—ヨーロッパ大学史断章	横尾壮英	三二〇〇円
大学授業研究の構想—過去から未来へ	京都大学高等教育教授システム開発センター編	二四〇〇円
大学評価の理論と実際—自己点検・評価ハンドブック	H・R・ケルズ 喜多村・舘・坂本訳	三二〇〇円
アメリカの大学基準成立史研究—「アクレディテーション」の原点と展開	前田早苗	三八〇〇円
大学力を創る:FDハンドブック	大学セミナー・ハウス編	二三八一円
私立大学の財務と進学者	丸山文裕	三五〇〇円
私立大学の経営と教育	丸山文裕	三六〇〇円
短大ファーストステージ論	舘昭 高鳥正夫編	二〇〇〇円
短大からコミュニティ・カレッジへ—飛躍する世界の短期高等教育と日本の課題	舘昭編	二五〇〇円
夜間大学院—社会人の自己再構築	新堀通也編著	三二〇〇円
現代アメリカ高等教育論	喜多村和之	三六八九円
アメリカの女性大学:危機の構造	坂本辰朗	二四〇〇円
アメリカ大学史とジェンダー	坂本辰朗	五四〇〇円
アメリカ教育史の中の女性たち—ジェンダー、高等教育、フェミニズム	坂本辰朗	三八〇〇円

〒113-0023 東京都文京区向丘1—20—6 ☎03(3818)5521 FAX 03(3818)5514 振替 00110-6-37828
E-mail:tk203444@fsinet.or.jp

※税別価格で表示してあります。

〒113-0023　東京都文京区向丘１－20－６　☎03(3818)5521　FAX 03(3818)5514　振替 00110-6-37828
E-mail:tk203444@fsinet.or.jp

東信堂

〔世界美術双書〕

バルビゾン派	井出洋一郎	二〇〇〇円
キリスト教シンボル図典	中森義宗	二三〇〇円
パルテノンとギリシア陶器	関　隆志	二三〇〇円
中国の版画—唐代から清代まで	小林宏光	二三〇〇円
象徴主義—モダニズムへの警鐘	中村隆夫	二三〇〇円
中国の仏教美術—後漢代から元代まで	久野美樹	二三〇〇円
セザンヌとその時代	浅野春男	二三〇〇円
日本の南画	武田光一	二三〇〇円
画家とふるさと	小林　忠	二三〇〇円
ドイツの国民記念碑—一八一三年-一九一三年	大原まゆみ	二三〇〇円

〔芸術学叢書〕

芸術理論の現在—モダニズムから	藤枝晃雄 谷川　渥 編	三八〇〇円
絵画論を超えて	尾崎信一郎	四六〇〇円
幻影としての空間—図学からみた東西の絵画	小山清男	三七〇〇円
芸術／批評　0号	責任編集 藤枝晃雄	一九〇〇円
美術史の辞典	P・デューロ他 中森義宗・清水忠訳	三六〇〇円
都市と文化財—アテネと大阪	関　隆志編	三八〇〇円
図像の世界—時・空を超えて	中森義宗	二五〇〇円
アメリカ映画における子どものイメージ—社会文化的分析	K・M・ジャクソン 牛渡　淳訳	二六〇〇円
キリスト教美術・建築事典	P・マレー／L・マレー 中森義宗監訳	続刊
イタリア・ルネサンス事典	H・R・ヘイル編 中森義宗監訳	続刊

〒113-0023　東京都文京区向丘1—20—6　☎03(3818)5521　FAX 03(3818)5514　振替 00110-6-37828
E-mail:tk203444@fsinet.or.jp

※税別価格で表示してあります。